ANSWER KEY
STUDENT ACTIVITIES MANUAL

Enric Figueras
Boise State University

Lisa Nalbone
University of Central Florida

to Accompany

Comunicación y cultura

Fifth Edition

Eduardo Zayas-Bazán
Emeritus, East Tennessee State University

Susan M. Bacon
University of Cincinnati

PEARSON
Prentice Hall

woɾLd Languages

Upper Saddle River, New Jersey 07458

© 2008 by Pearson Education, Inc.
Upper Saddle River, NJ 07458

10 9 8 7 6 5 4 3

ISBN: 0-13-239220-8

Printed in the United States of America

Capítulo 1   Hola, ¿qué tal?

1-1 Conversaciones.

1. b; formal
2. d; formal
3. e; informal
4. a; informal
5. c; informal

1-2 Saludos y despedidas.

1. buenos
2. llama
3. llamo
4. Mucho
5. Encantado
6. bien
7. menos
8. pronto

1-3 Más conversaciones.

1. está usted
2. estás tú
3. tú
4. se llama usted
5. usted
6. usted
7. estás

1-4 ¿Saludos o despedidas?

1. b
2. b
3. b
4. b
5. a
6. a or b
7. a
8. a

1-5 ¿Formal o informal?

1. b
2. b
3. a
4. b
5. a
6. b

1-6 Respuestas.

1. a
2. c
3. c
4. c
5. c
6. b

1-7 ¡Hola! ¿Qué tal?

1. a
2. b
3. c
4. c
5. a

1-8 Diálogos.

Answers may vary. Possible answers:

Sr. Morales: Buenos días. ¿Cómo se llama usted?
Me llamo…
¿Cómo está usted?
Sr. Morales: Muy bien, gracias. Hasta pronto.
Hasta luego.
¡Hola!

Carlos: Hola.
¿Cómo te llamas?
Carlos: Me llamo Carlos. ¿Y tú?
Me llamo … ¿Cómo estás, Carlos?
Carlos: Más o menos. ¿Y tú?
Muy bien, gracias.
Carlos: Hasta pronto.
Adiós.

1-9 La vocal *a.*

1. a, c, d
2. b, d
3. a, c, d

1-10 La vocal *e.*

1. a, c, d
2. a, b, d
3. b, c

1-11 La vocal *i.*

1. a, b, c
2. c, d
3. a, b, c

1-12 La vocal *o.*

1. a, b, c
2. a, b, c
3. b, c, d

1-13 La vocal *u.*

1. a, c
2. a, b, d
3. b, c, d

1-14 Letras y palabras.

1. e
2. g
3. a
4. b
5. d
6. c
7. h
8. f

1-15 Ciudades del mundo hispano.

1. Caracas
2. Madrid
3. Montevideo
4. Cuzco
5. Guadalajara
6. Sevilla
7. Veracruz
8. Guayaquil

1-16 ¿Cuál es la letra?

1. hasta mañana
2. mucho gusto
3. ¿qué tal?

1-17 Letras y expresiones.

1. gracias
2. encantado
3. igualmente
4. adiós

1-18 Números de teléfono.

1. treinta y nueve, veintiuno, treinta y siete
2. tres, nueve, dos, cuarenta y nueve, setenta y uno or
   tres, nueve, dos, cuatro, nueve, siete, uno
   tres, nueve, dos, treinta y ocho, cincuenta y cinco or
   tres, ocho, cinco, cinco
3. veintiuno, catorce, setenta y cinco
   veintiuno, catorce, noventa y tres

1-19 Matemáticas.

1. nueve
2. sesenta
3. setenta
4. dieciséis (diez y seis)
5. tres
6. veinte
7. cincuenta y uno
8. seis
9. veintiuno (veinte y uno)
10. cuatro

1-20 Más matemáticas.

1. $80 + 12 = 92$
2. $44 - 13 = 21$
3. $6 \times 11 = 66$
4. $8 \times 9 = 72$
5. $99 \div 3 = 33$
6. $28 + 27 = 55$

1-21 ¿En qué mes del año...?

1. e
2. f
3. a
4. b
5. d
6. g
7. h
8. c

1-22 Los días, los meses y las estaciones.

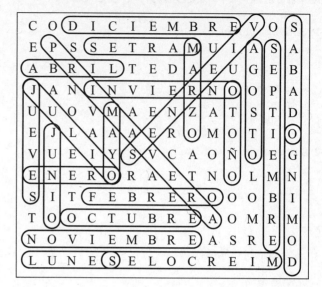

1-23 Las estaciones y las fechas importantes.

invierno: Hanukkah, el Año Nuevo
primavera: el Cinco de Mayo, la Pascua
verano: el día del Trabajo
otoño: el día de Cristobal Colón

1-24 Los días de la semana.

1. miércoles
2. lunes
3. jueves
4. martes
5. viernes
6. domingo
7. sábado

1-25 El calendario de Paola.

1. jueves
2. martes
3. sábado
4. miércoles
5. lunes
6. viernes

1-26 ¿Cuándo es?

	MES	ESTACIÓN
1.	febrero	invierno
2.	julio	verano
3.	agosto	verano
4.	abril	primavera
5.	octubre	otoño
6.	mayo	primavera

1-27 ¿Cuál es la fecha?

1. 4/3
2. 12/9
3. 5/6
4. 16/1
5. 2/11
6. 20/12

1-28 La conversación de Alberto y Victoria.

1. c
2. a
3. b
4. c
5. a

1-29 ¿Sabes matemáticas?

1. sesenta y siete
2. treinta y tres
3. noventa y nueve
4. veinticuatro (veinte y cuatro)
5. cien

1-30 ¿Sabes los días, los meses y las estaciones?

1. domingo
2. invierno
3. verano
4. miércoles
5. noviembre
6. primavera

1-31 ¿Qué tal?

Answers will vary.

1-32 En la clase.

1. c
2. b
3. a
4. b

1-33 Mi clase de español.

1. b
2. b, c
3. c
4. a
5. b
6. c
7. a

1-34 Los colores.

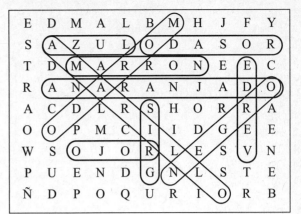

1-35 Antónimos.

1. f
2. d
3. a
4. c
5. e
6. b

1-36 Tu profesor.

1. b   4. d
2. c   5. f
3. e   6. a

1-37 ¿Qué hay en la clase?

Answers will vary.

1-38 El profesor López.

1. Contesten en español.
2. Escuchen.
3. Vayan a la pizarra.
4. Estudien.
5. Lean el diálogo.
6. Cierren el libro.

1-39 Descripciones de la clase.

Answers will vary.

1-40 El artículo definido.

1. el   5. el
2. la   6. los
3. el   7. los
4. la   8. las

1-41 El artículo indefinido.

1. un	5. un
2. una	6. unos
3. un	7. unos
4. una	8. unas

1-42 ¿Masculino o femenino?

1. M	6. F
2. M	7. M
3. F	8. M
4. M	9. F
5. M	10. M

1-43 ¿El, la, los, las?

1. la puerta	5. las clases
2. el mapa	6. los diálogos
3. los lápices	7. el papel
4. la universidad	8. los libros

1-44 ¿Un, una, unos, unas?

1. unos hombres
2. un reloj
3. una profesora
4. unas mochilas
5. unas sillas
6. una pizarra
7. un bolígrafo
8. unos días

1-45 Del plural al singular.

1. la clase interesante
2. un buen día
3. la mochila blanca
4. un cuaderno anaranjado
5. la estudiante trabajadora
6. el amigo extrovertido
7. la computadora cara
8. un libro fascinante

1-46 Tu compañero de piso.

1. No, gracias. Tengo el libro de español.
2. Sí, necesito la computadora.
3. Sí, necesito la calculadora.
4. No, gracias. Tengo un bolígrafo.
5. No, gracias. Tengo un cuaderno.
6. Sí, necesito una mochila.

1-47 Cambio de número.

1. Las mesas negras son grandes.
2. Las mochilas grises son caras.
3. Los relojes grandes son baratos.
4. Los cuadernos azules son buenos.
5. Los estudiantes inteligentes son trabajadores.
6. Las profesoras extrovertidas son simpáticas.

1-48 Los artículos y los adjetivos.

1. unas computadoras caras
2. los estudiantes simpáticos
3. la señora trabajadora
4. unos profesores aburridos
5. una profesora interesante
6. la clase grande
7. las sillas amarillas
8. los bolígrafos azules

1-49 Características opuestas.

1. una señora extrovertida
2. un profesor simpático
3. unos estudiantes tímidos
4. unas buenas amigas
5. una mujer aburrida

1-50 Tus descripciones.

Answers will vary.

1-51 La clase y los estudiantes.

1. En la clase hay pizarras negras.
2. En la clase hay unos estudiantes trabajadores.
3. En la clase hay mapas caros.
4. En la clase hay unas estudiantes extrovertidas.
5. En la clase hay bolígrafos rojos y verdes.

1-52 La clase y las descripciones.

1. Hay dos puertas grandes.
2. Hay una profesora interesante.
3. Hay ocho hombres malos.
4. Hay una señorita simpática.
5. Hay tres muchachas aburridas.
6. Hay veintiuna sillas grises.

1-53 De uno a muchos.

1. Las pizarras son negras.
2. Las profesoras de español son interesantes.
3. Los profesores son simpáticos.
4. Las computadoras son caras.
5. Los bolígrafos son verdes.

1-54 Los sujetos.

1. c	6. a
2. b	7. b
3. a	8. c
4. a	9. b
5. a	10. b

1-55 Manuel Rivera.

practice

1. soy
2. soy
3. es
4. es
5. son
6. somos
7. eres
8. eres
9. es

1-56 Ramón y Rosario.

1. soy
2. Soy
3. eres
4. Soy
5. Soy
6. son
7. es
8. es
9. somos
10. es
11. es
12. es

1-57 Personalidades.

1. Él es bueno.
2. Yo soy paciente.
3. Ella es extrovertida.
4. Nosotros somos interesantes.
5. Ellos son simpáticos.
6. Ellas son tímidas.
7. Ustedes son inteligentes.
8. Yo soy trabajador/a.

1-58 Susana y sus amigos.

1. Yo soy Susana.
2. Mis amigos son Marcos, Viviana y Juan.
3. Nosotros somos estudiantes excelentes.
4. Marcos y yo somos trabajadores.
5. Marcos es extrovertido.
6. Viviana es una cantante (*singer*) muy buena.
7. Juan es muy tímido.
8. Viviana y Juan son pacientes.
9. Todos nosotros somos simpáticos.
10. ¿Y tú? ¿Eres simpático/a?

1-59 Identidades.

1. Nosotros somos unos profesores interesantes.
2. Ana y Felipe son unos estudiantes inteligentes.
3. ¿Eres tú un muchacho aburrido?
4. Marisol es una señora fascinante.
5. ¿Son ustedes unos estudiantes trabajadores?
6. ¿Es usted un señor simpático?
7. María Eugenia es una señorita tímida.
8. Guillermo y Rodrigo son unos muchachos extrovertidos.

1-60 Tu propia descripción.

Answers will vary.

1-61 ¿Sabes el verbo *ser*?

1. d
2. c
3. e
4. b
5. a

1-62 ¿Sabes usar los nombres, los artículos y los adjetivos?

1. una
2. trabajadora
3. la
4. un
5. inteligente
6. interesantes
7. las
8. aburridas

1-63 ¿Cómo se dice?

1. Abre la puerta.
2. Mucho gusto, profesora Martín.
3. ¿Hay unos papeles?
4. La clase es grande.
5. Los libros son caros.
6. Escriban con bolígrafo.

1-64 El primer día de clases.

Answers will vary.

1-65 ¿Qué pasa?

1. a
2. c
3. a
4. a
5. b

1-66 Los personajes.

1. b
2. d
3. a
4. f
5. e
6. c

1-67 La conversación.

1. eres
2. argentino
3. Sudamérica/Suramérica
4. carro
5. camioneta
6. días
7. Cómo
8. grande

1-68 La acción.

1. F
2. F
3. C
4. C
5. F
6. C
7. F
8. C

1-69 ¡A informarse!

1. C   5. F
2. F   6. C
3. F   7. F
4. C   8. C

1-70 ¡Viva la salsa!

Answers will vary.

1-71 Tu poema.

Answers will vary.

1-72 La comunidad.

Answers will vary.

1-73 Una entrevista.

Answers will vary.

1-74 El resumen.

Answers will vary.

Capítulo 2   ¿De dónde eres?

2-1 ¿Cierto o falso?

1. F
2. F
3. C
4. F
5. C
6. C
7. F
8. C

2-2 Horacio y Natalia.

1. a   4. a
2. c   5. c
3. a   6. b

2-3 Gente que lleva la contraria.

1. c   5. g
2. f   6. e
3. d   7. b
4. a

2-4 Preguntas.

1. c   4. c
2. b, c 5. a, c
3. b   6. a

2-5 Nacionalidades.

1. colombiana   5. mexicanos
2. cubano   6. venezolana
3. argentinas   7. canadienses
4. dominicana   8. panameñas

2-6 El crucigrama hispano.

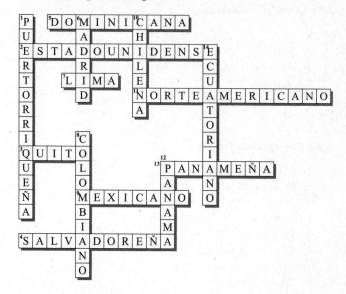

2-7 Los dos géneros.

1. La profesora argentina es delgada.
2. Las amigas morenas son norteamericanas.
3. Los muchachos inteligentes son panameños.
4. El señor guapo es chileno.
5. La estudiante española es alta.
6. La madre es puertorriqueña y rubia.
7. Las muchachas son inteligentes y trabajadoras.
8. El amigo es joven.

2-8 ¿Qué hora es?

1. c   4. a
2. f   5. e
3. d   6. b

2-9 Los horarios de vuelo.

1. La llegada es a las ocho y media de la noche.
2. La llegada es la las diez y veinte de la mañana.
3. La llegada es a las ocho y veinte de la noche.
4. La llegada es a las tres y cuarto de la tarde.
5. La salida es a la una menos diez de la tarde.
6. La salida es a las ocho y cuarto de la mañana.

2-10 ¿A qué hora...?

11:00 Mercedes
11:20 Gabriela
12:00 Rodrigo
12:40 José
2:30 Román
3:45 Alejandra
4:15 Óscar

2-11 Los programas de televisión.

1. *Tarzán* es a las diez de la mañana.
2. "Saber vivir" es a las once y media de la mañana.
3. "Farmacia de guardia" es a la una menos cuarto de la tarde.
4. "El tiempo" es a las cuatro menos cinco de la tarde.
5. *Pancho Villa* es a las cinco menos cuarto de la tarde.
6. "A su salud" es a las seis y veinte de la tarde.

2-12 ¿No?

1. Memo y Quique son muy delgados, ¿no?
2. La estudiante es inteligente, ¿cierto?
3. La señora se llama Tere, ¿verdad?
4. Toño es bajo, ¿no?
5. Alex es panameño, ¿verdad?

2-13 Información equivocada.

1. No, Gloria Estefan no es panameña. Gloria Estefan es cubana.
2. No, Shakira no es argentina. Shakira es colombiana.
3. No, Ricky Martin no es dominicano. Ricky Martin es puertorriqueño.
4. No, Penélope Cruz no es venezolana. Penélope Cruz es española.
5. No, Tiger Woods no es colombiano. Tiger Woods es estadounidense (norteamericano).

2-14 Amigo en la Red.

Answers will vary.

2-15 ¿Sí o no?

1. ¿Son Andrea y Felipe rubios?
2. ¿Eres tú colombiano/a?
3. ¿Somos nosotros ricos?
4. ¿Son Clara y Teresa salvadoreñas?
5. ¿Soy yo bajo/a?
6. ¿Son ustedes inteligentes?

2-16 No, no y no.

1. No, Anita no es dominicana.
2. No, yo no soy viejo/a.
3. No, nosotras no somos estadounidenses.
4. No, yo no soy inteligente.
5. No, Marisa y Eduardo no son amigos.
6. No, tú no eres muy joven.

2-17 ¿Cuáles son las preguntas?

1. b	4. d
2. c	5. b
3. d	6. b

2-18 Más preguntas.

1. e	4. c
2. b	5. a
3. f	6. d

2-19 Muchas preguntas.

1. Cómo	5. Cuál
2. De dónde	6. Quiénes
3. Dónde	7. Quién
4. Qué	8. Cómo

2-20 Decisiones.

1. Cuál	4. Qué
2. Cuáles	5. Qué
3. Qué	6. Cuál

2-21 A contestar.

1. Yo soy inteligente.
2. Hoy es jueves.
3. Nosotros somos de Pamplona.
4. El profesor es simpático.
5. La capital de España es Madrid.

2-22 En la cafetería.

Answers will vary.

2-23 ¿Sabes qué hora es?

1. b	5. c
2. g	6. a
3. d	7. e
4. f	

2-24 Ideas completas.

1. a
2. b
3. c
4. b
5. a

2-25 ¿Sabes preguntar?

1. b   4. b
2. a   5. a
3. a   6. a

2-26 Preguntas personales.

Answers will vary.

2-27 Nuevos amigos.

1. d   4. b
2. d   5. d
3. d   6. d

2-28 La conversación.

1. b   5. b
2. a   6. b
3. a   7. a
4. a, c   8. c

2-29 Actividades.

1. e   5. f
2. d   6. c
3. g   7. b
4. a   8. h

2-30 ¡A practicar deportes (1)!

1. d
2. a
3. c
4. b

2-31 Fuera de lugar.

1. a
2. b
3. c
4. d
5. b

2-32 Los amigos y las clases.

1. b   5. c
2. a   6. a
3. a   7. c
4. b

2-33 ¡A practicar deportes (2)!

Answers will vary.

2-34 Glides.

1. bai/
2. bue/
3. no glide
4. cuá/
5. no glide

2-35 Completamos la palabra.

1. estoy
2. hay
3. leen
4. María
5. natación

2-36 ¿Qué hacen?

1. caminamos   6. miran
2. preparan   7. bailan
3. Trabajas   8. conversan
4. nadan   9. estudian
5. practicamos   10. escucho

2-37 ¿Cuándo y quién?

1. Lorenzo escucha música peruana.
2. Beto y Luisa nadan todos los días.
3. Ud. viaja a Bolivia en el verano.
4. Tú conversas con la profesora.
5. ¿Cuándo regresan Uds.?
6. Yo trabajo a las tres de la tarde.
7. Josefina practica básquetbol.

2-38 Más actividades.

1. No, yo no bailo en la clase de español.
2. No, nosotros caminamos por la tarde.
3. Sí, Ana y yo estudiamos japonés.
4. Sí, Débora llega mañana.
5. Sí, Paola y Manuel buscan una universidad grande.
6. No, yo tomo cuatro clases.
7. Sí, tú hablas bien el español.
8. No, yo necesito comprar una calculadora.
9. No, ellos no enseñan ruso.
10. Sí, Víctor y yo preparamos la lección.

2-39 ¡A combinar!

1. Yo nado en el mar.
2. Tú estudias en la universidad.
3. Mi amigo escucha música.
4. Mis padres y yo viajamos a Hawaii.
5. Ustedes hablan inglés y español.

2-40 ¿Te gusta?

Answers will vary.

2-41 Hacemos mucho.

1. asiste
2. escribo
3. leen
4. aprende
5. comen
6. abre
7. decidimos
8. vivimos

2-42 Mis amigas.

1. viven
2. aprenden
3. asisten
4. escriben
5. lee
6. abre
7. comen
8. como
9. creen
10. crees

2-43 Muchas actividades.

1. Yo creo que son las tres.
2. Los tutores comprenden muy bien la lección.
3. Rafael escribe muy bien.
4. ¿Vendes tus libros al final del semestre?
5. Ellos abren el laboratorio a las ocho.
6. Victoria y yo decidimos beber café.

2-44 Nosotros…

1. Sí, comprendemos bien.
2. Aprendemos mucho vocabulario en la clase.
3. Escribimos en la computadora.
4. Leemos la Lección 2.
5. Asistimos a clase los martes y jueves.
6. Sí, vendemos los libros en diciembre.
7. Vivimos en Bilbao.

2-45 Preguntas y respuestas.

Answers will vary.

2-46 Dibujos y obligaciones.

1. c
2. d
3. b
4. a
5. e

2-47 Tener.

1. b
2. c
3. a
4. a
5. c
6. b

2-48 ¿Qué tienen?

1. Yo no tengo mi mochila hoy.
2. España tiene muchas ciudades bonitas.
3. Los profesores tienen muchos bolígrafos rojos.
4. Usted tiene cinco clases, ¿verdad?
5. Nosotros tenemos una clase interesante.
6. Ana no tiene profesores jóvenes.
7. Tú tienes tres libros en la mochila.

2-49 Responsabilidades.

Answers will vary.

2-50 ¿Qué tienen que hacer?

Answers may vary. Possible answers:

1. David y Carola tienen que tomar café.
2. Mis amigos y yo tenemos que leer y escribir.
3. Victoria y tú tienen que hablar francés.
4. Yo tengo que trabajar.

2-51 Acciones.

1. a
2. c
3. a
4. b
5. a

2-52 Mi vida en la universidad.

1. estudio
2. asisto
3. aprendo
4. enseñan
5. comemos
6. practicamos
7. nadamos
8. regresamos
9. vivo
10. viven

2-53 Obligaciones y posesiones.

1. tienen
2. tiene
3. tiene
4. tengo
5. tenemos

2-54 Otras preguntas personales.

Answers will vary.

2-55 ¿Qué pasa?

1. b
2. c
3. a
4. c

2-56 Los personajes.

1. e
2. a
3. c
4. b
5. f
6. d

2-57 La conversación.

1. literatura
2. mayas
3. simpáticos
4. alegre
5. guapo
6. idiomas
7. japonés
8. amigo

2-58 Preferencias.

1. Doña María
2. Silvia
3. Marcela
4. Felipe
5. Hermés
6. Felipe

2-59 Más información.

1. Costa Rica: San José
2. Colombia: Bogotá
3. México: México, D.F.
4. Cuba: Cienfuegos y La Habana

2-60 ¡A informarse!

1. F
2. C
3. F
4. F
5. C
6. F
7. C
8. C

2-61 Más información sobre España.

1. f
2. b
3. d
4. a
5. e
6. c
7. h
8. g

2-62 El flamenco y el cine.

1. c
2. b
3. a
4. b
5. c

2-63 Los "e-milios".

1. F
2. C
3. C
4. C
5. F
6. C

2-64 La vida de Maribel.

1. Maribel es una estudiante muy buena.
2. Estudia derecho en la Universidad de Navarra.
3. Maribel nada por las tardes y practica fútbol.
4. Hay nueve estudiantes en la clase de francés.
5. Hay tres españoles, dos chilenos, un italiano y dos portugueses. Ella es española.
6. La profesora de francés es muy simpática.
7. Maribel tiene veinte años.
8. Maribel tiene que estudiar para su examen de derecho.

2-65 La entrevista.

Answers will vary.

2-66 Tu vida universitaria.

Answers will vary.

Capítulo 3   ¿Qué estudias?

3-1 Después de la clase de física.

1. a, b
2. a, c
3. a, b
4. b
5. a

3-2 ¿Recuerdas?

Answers may vary. Possible answers:

1. Pedro y Carmen miran el horario de clases.
2. Carmen tiene cinco materias: espanol, química, historia, inglés y cálculo.
3. El horario de Carmen es bastante complicado.
4. Pedro tiene que tomar cuatro materias.
5. Carmen tiene mucha hambre.
6. No tienen tiempo para comer porque tienen que asistir a la clase de biología.
7. La clase de biología es a las nueve y cinco (9:05).
8. Carmen tiene que comprar un libro para su clase de química.

3-3 Emparejamientos *(Matching).*

1. e
2. h
3. a
4. c
5. f
6. b
7. g
8. d

3-4 Gustos e intereses.

Answers will vary.

3-5 En la universidad.

1. b
2. a
3. c
4. b
5. a
6. c

3-6 Las carreras.

1. administración de empresas
2. matemáticas
3. arquitectura
4. medicina
5. ciencias sociales
6. lenguas
7. pedagogía

3-7 Tu horario de clases.

Answers will vary.

3-8 La puntuación máxima.

Juan Rafael	2.881.400
María Luisa	2.325.960
José Antonio	1.976. 520
Ana María	92.730
Diego	51.480

Numbers in order: 51.480, 92.730, 1.976.520, 2.325.960, 2.881.400

3-9 El recuento.

1. mil seiscientas veintitrés
2. cinco mil quinientos sesenta y seis
3. doce mil trescientas noventa y siete
4. setecientos noventa y nueve
5. quinientas ochenta y una
6. un millón quinientos mil
7. dos mil setecientas cuarenta
8. cuatro mil trescientos ochenta y ocho

3-10 La Loto.

a. diecisiete
b. cuarenta y ocho
c. treinta y uno
d. cuatrocientos cuarenta y siete mil cincuenta y seis
e. ciento uno
f. siete mil ochenta y dos
g. ciento sesenta y siete
h. ciento ventitrés mil cuatrocientos treinta y nueve

3-11 En clase de matemáticas.

1. c
2. a
3. b
4. b
5. d
6. d
7. b
8. c

3-12 Matemáticas.

1. cien más veintiuno son ciento veintiuno
2. doscientos treinta y tres más ciento diez y siete son trescientos cincuenta
3. tres mil ciento cuatro más cuatrocientos treinta y seis son tres mil quinientos cuarenta
4. ciento ochenta mil más un millón son un millón ciento ochenta mil
5. dos millones cuatrocientos cincuenta y seis mil ciento catorce más quinientos trece mil setecientos sesenta y cinco son dos millones novecientos sesenta y ocho mil ochocientos setenta y nueve
6. dos mil más tres mil novecientos ochenta y cuatro son cinco mil novecientos ochenta y cuatro

3-13 Mis amigos.

1. Nuestros
2. nuestra
3. Sus
4. Sus
5. Sus
6. sus
7. Sus
8. su
9. Sus
10. mis
11. tus
12. mi

3-14 La vida estudiantil.

1. Mi / mis / Mi / mis
2. Nuestras / nuestros / nuestro / nuestra
3. Sus / sus / su /su

3-15 Objetos y posesiones.

1. Es su novela.
2. Son sus libros.
3. Es su escritorio.
4. Es su apartamento.
5. Es su horario de clases.
6. Son sus microscopios.
7. Son sus computadoras.
8. Es su calculadora.

3-16 ¿De quién?

1. Nosotras estudiamos mucho en nuestra clase.
2. Ellas escuchan a su profesora.
3. ¿Tú tienes tus papeles?
4. Pablo habla con sus amigos.
5. Yo escribo en mi cuaderno.
6. ¿Ustedes están en su casa por la noche?

3-17 Preguntas en la clase.

1. Su microscopio está en el laboratorio.
2. Tu libro está en la mochila.
3. Mis cuadernos están en la mesa.
4. Su dinero está en casa.
5. Sus papeles están en el escritorio de la profesora.
6. Tus amigos están en el gimnasio.

3-18 Sensaciones.

1. d
2. f
3. a
4. e
5. c
6. g
7. h
8. b

3-19 En situaciones diferentes.

1. Yo tengo frío.
2. Nosotros tenemos sed.
3. Usted tiene calor.
4. Tú tienes sueño.
5. Julia y Tomás tienen hambre.

3-20 Tus respuestas.

Answers will vary.

3-21 ¿Cuánto sabes de números y posesiones?

1. Mi / ciento sesenta mil ochocientos treinta
2. Nuestro / siete mil cuatrocientos cincuenta
3. Mi (Su) / doce mil ciento setenta y cinco
4. Tu / doscientos veinticinco
5. Su / cincuenta y cuatro mil seiscientos veinte

3-22 En la clase de español.

1. Mi artista favorita mexicana es Frida Kahlo.
2. Su carro cuesta veintiséis mil dólares.
3. Estudia informática.
4. Tiene diecinueve años.
5. Tengo un examen mañana.

3-23 ¿Sabes usar el verbo *tener*?

1. d
2. a
3. c
4. b
5. e

3-24 La vida en la universidad.

Answers will vary.

3-25 ¿Cierto o falso?

1. C
2. C
3. F
4. F
5. C
6. C
7. F
8. F
9. C
10. F

3-26 En la clase de biología.

1. a, b
2. a, b
3. b
4. a

3-27 La universidad y sus facultades.

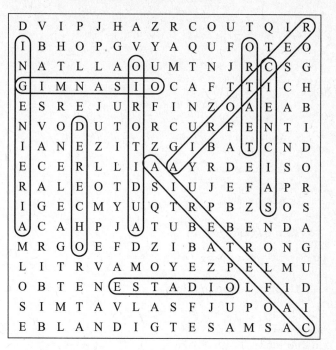

3-28 ¡A emparejar!

1. b
2. e
3. d
4. c
5. g
6. a
7. f

3-29 Completamos las ideas.

1. a
2. b
3. a
4. b
5. a

3-30 La universidad.

Answers may vary. Possible answers:

1. La Facultad de Ciencias está al lado de la cafetería.
2. El centro estudiantil está lejos de la residencia estudiantil.
3. La cafetería está cerca de la Facultad de Medicina.
4. La residencia estudiantil está al lado de la Facultad de Ciencias.
5. La biblioteca está al lado de la Facultad de Derecho.

3-31 Muchas sílabas.

a. 3
b. 5
c. 2
d. 6
e. 2
f. 2
g. 2
h. 3
i. 3
j. 3

3-32 La primera sílaba.

1. e
2. En
3. ho
4. iz
5. ma
6. Pe
7. per
8. pi
9. pin
10. tra

3-33 ¿Qué va a hacer?

1. d
2. a
3. c
4. e
5. b

3-34 El mapa del campus.

1. Voy a la Facultad de Ciencias.
2. Vas a la biblioteca.
3. Vamos a la Facultad de Derecho.
4. Va al laboratorio de lenguas.
5. Van al centro estudiantil.

3-35 En la residencia estudiantil.

1. hacemos
2. hago
3. hace
4. hacen
5. hacen
6. hacen
7. haces
8. hacer

3-36 ¿Qué vamos a hacer?

1. Ustedes van a trabajar esta noche.
2. Tú vas a regresar por la mañana.
3. Eduardo y Fabián van a practicar béisbol.
4. Magdalena y yo vamos a hacer la tarea.
5. Yo voy a vivir en un apartamento.
6. David va a estar en la cancha de tenis.
7. Yo voy a practicar en el estadio.

3-37 ¡Vamos!

1. Vamos a la clase.
2. Van al gimnasio.
3. Vas al museo.
4. Voy al auditorio.
5. Va a la cafetería.
6. Va a la Facultad de Ingeniería.

3-38 Mañana.

1. Roberto va a practicar vólibol mañana.
2. Yo voy a comer en la cafetería mañana.
3. Tú vas a comprar una calculadora mañana.
4. Ana va a hablar con el profesor mañana.
5. Los estudiantes van a tomar el examen mañana.
6. Mis amigos y yo vamos a asistir a la obra de teatro mañana.

3-39 ¿Qué hacen en la clase de ingeniería?

1. haces
2. Hago
3. hacen
4. hacemos
5. hacen
6. hace

3-40 ¡Hacemos muchas cosas!

1. ¿Qué haces tú en el laboratorio?
   Yo escucho la lección.
2. ¿Qué hacen ustedes en el gimnasio?
   Nosotros nadamos.
3. ¿Qué hacemos nosotros en el examen?
   Ustedes escriben oraciones completas.
4. ¿Qué hace Marisa en la clase de literatura?
   Marisa lee muchas novelas.
5. ¿Qué hacen ellos en clase hoy?
   Ellos practican el vocabulario.

3-41 ¿Qué vas a hacer mañana?

Answers will vary.

3-42 Nuestro amigo Antonio.

1. b
2. c
3. e
4. a
5. d

3-43 En el teléfono.

1. estás
2. Estoy
3. estoy
4. está
5. está
6. está
7. están
8. están
9. estoy
10. está
11. Estás
12. estoy

3-44 ¿Cómo están?

1. estoy enamorado/a
2. están ocupados
3. estamos cansados
4. estamos aburridos
5. está enojado
6. están preocupados
7. está enferma
8. estoy contento/a

3-45 ¿Cómo estás?

1. Estoy aburrida.
2. Mi novio está triste.
3. Mis amigos están cansados.
4. La profesora está ocupada.
5. Josefina y María están enojadas.

3-46 En la taquilla.

1. Paula está detrás de Pepe.
2. Adrián está al lado de Mercedes.
3. Paula y Pepe están delante de Adrián.
4. Marcela está enfrente del señor en la taquilla.
5. Adrián está lejos del señor en la taquilla.

3-47 Vicente.

1. a
2. a
3. b
4. b
5. a

3-48 Mi pequeño mundo.

1. es
2. somos
3. está
4. son
5. son
6. son
7. está
8. es
9. es
10. son
11. es
12. es
13. está
14. está
15. estamos
16. son

3-49 La fiesta de esta noche.

1. hay
2. está
3. es
4. están
5. están
6. está
7. está
8. estar
9. son
10. está

3-50 Descripciones.

1. Jaime es guapo.
2. José y María están enfermos.
3. Josefina está bonita esta noche.
4. Tus amigos son listos.
5. Mis padres están listos.
6. Tu profesora es aburrida.

3-51 ¿Ser o no ser?

1. La madre de Felicia es mexicana.
2. Hoy es el 20 de marzo.
3. Yo estoy preocupado/a porque mi amiga está enferma.
4. La biblioteca está detrás de la Facultad de Medicina.
5. Tú estás en el gimnasio.
6. El concierto es en el Teatro Cervantes.

3-52 Tu mejor amigo/a.

Answers will vary.

3-53 ¿Sabes hacer planes?

1. voy
2. hago
3. van
4. vamos
5. vamos
6. hacemos
7. vamos
8. voy
9. van
10. haces

3-54 ¿Sabes la diferencia entre *ser* y *estar*?

1. es
2. está
3. ser
4. es
5. está
6. son
7. está
8. es
9. está
10. Es

3-55 ¿Qué pasa?

1. Yo voy a la Facultad de Medicina.
2. Luego, Susana y yo vamos a la cafetería.
3. Hoy Ramón y Pedro van a casa a estudiar.
4. Tú estás en la biblioteca, ¿verdad?
5. Perdón, ¿qué hacen Pablo y tú esta noche?
6. Yo estoy cansado.

3-56 Unas preguntas personales.

Answers will vary.

3-57 ¿Qué pasa?

1. a
2. c
3. a
4. a
5. b

3-58 La conversación.

1. cuatro
2. requisitos
3. exámenes
4. cálculo
5. inglés
6. examen
7. exigente
8. crees

3-59 Más información.

1. Manolo
2. colón
3. Nuestra Tierra
4. intercambio

3-60 La acción y los personajes.

1. F
2. C
3. C
4. F
5. C
6. C

3-61 ¡A informarse!

1. C	6. C
2. C	7. F
3. F	8. F
4. F	9. F
5. C	10. C

3-62 El mapa de México.

1. México, D.F.
2. Guadalajara
3. Mérida
4. Oaxaca
5. Monterrey
6. Tijuana
7. Veracruz
8. Acapulco

3-63 Tu propia experiencia.

Answers will vary.

3-64 La Bamba.

1. c	4. a
2. a	5. c
3. b	6. c

3-65 El Museo de Antropología de México.

1. C
2. F
3. C
4. C
5. C

3-66 Una carta de un amigo mexicano.

Answers may vary. Possible answers:
1. Roberto está en la universidad.
2. Roberto tiene clase de matemáticas, psicología, informática, inglés e historia.
3. Roberto tiene clase de psicología a las diez y media.
4. Roberto come con sus amigos en la cafetería de la universidad.
5. La clase de matemáticas es difícil.
6. La clase de informática es fácil.
7. La clase favorita de Roberto es la clase de inglés.
8. La profesora favorita de Roberto es la profesora de historia.

3-67 Tu propia carta.

Answers will vary.

Capítulo 4   ¿Cómo es tu familia?

4-1 ¿Recuerdas?

1. c	4. d
2. d	5. b
3. a	6. d

4-2 La familia de Luisa.

1. b	5. a
2. a, b	6. c
3. a, b	7. b
4. c	8. a

4-3 Los parentescos.

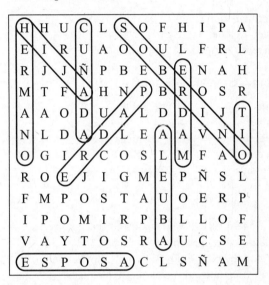

4-4 Tu familia.

1. abuelo	6. primas
2. tía	7. nuera
3. cuñado	8. hermano
4. sobrinos	9. abuelos
5. suegra	10. yerno

4-5 El árbol genealógico.

1. El padre de Cristina es Gustavo.
2. El mayor de la familia es el abuelo Pablo.
3. Los hermanos de Juana son José, Teresa y Gustavo.
4. El abuelo Pablo tiene cinco nietos.
5. Elena tiene dos hijos.
6. Manuela es la suegra de Paco.
7. Ana María y Carmen son las primas de Pablo.

4-6 Preguntas personales.

Answers will vary.

4-7 La clase de matemáticas (1).

1. empieza
2. entienden
3. sueñan
4. prefieren
5. almuerzan
6. sirven

4-8 La clase de matemáticas (2).

a. 2   d. 1
b. 6   e. 4
c. 5   f. 3

4-9 Nuestra familia.

1. almuerzo / quiero
2. puede / juega
3. duerme / sueña
4. sirven / vienen
5. prefiero / entiende

4-10 Un lunes en la vida de Tomás.

1. tiene   6. pide
2. empieza   7. vuelve
3. prefiere   8. juega
4. puede   9. piensa
5. almuerza   10. pierde

4-11 ¿Qué piensas tú?

1. Yo prefiero las películas cómicas, pero Juanita prefiere las de misterio.
2. Tú almuerzas todos los días con la familia, pero nosotros almorzamos con nuestros amigos.
3. Nosotros pensamos ir a la casa de Marcos este fin de semana, pero ¿qué piensas tú?
4. ¿Cuántas horas duerme tu hermana? Generalmente, ella duerme ocho horas.
5. ¿Tú vienes con Rodrigo al laboratorio? Sí, yo vengo con él.

4-12 Cosas de la vida.

1. Sueña con visitar Guatemala.
2. Jugamos mañana.
3. Siempre pido chocolate.
4. Mis yernos no recuerdan su nombre.
5. Yo puedo servir el almuerzo.
6. Sí, vengo con Uds.
7. Vuelven pronto a Guatemala.
8. Cuesta mucho dinero.

4-13 ¡El preguntón!

1. No, no podemos nadar bien.
2. Sí, prefiero ir a bailar en la discoteca.
3. No, no pienso invitar a Santiago.
4. Sí, mis tíos vienen esta noche.
5. No, mis hijos no entienden alemán.
6. Sí, tengo muchos primos.

4-14 No.

1. No, no volvemos temprano de la cafetería. Volvemos tarde.
2. No, no preferimos ir al gimnasio. Preferimos jugar al básquetbol.
3. No, no empiezo a trabajar hoy. Empiezo a trabajar mañana.
4. No, mi cuñado no entiende inglés. Yo entiendo inglés.
5. No, yo no tengo hambre. Tú tienes hambre.
6. No, nosotros no pensamos estudiar ingeniería. Mi sobrina piensa estudiar ingeniería.

4-15 En la cafetería.

Answers may vary.

4-16 Reunión familiar.

1. a / a   6. a
2. a   7. a
3. –   8. –
4. a   9. a
5. –   10. –

4-17 ¡A completar!

1. me   5. nos
2. te   6. la
3. las   7. los
4. me   8. lo

4-18 Las repeticiones.

1. los   5. te
2. las   6. me
3. nos   7. la
4. lo

4-19 *A* personal.

1. Llaman a su abuelo todos los días.
2. Llaman un taxi por la mañana.
3. Ven pinturas en el museo.
4. Ven a José.
5. Invito a Laura, a Miguel y a Raúl a la fiesta.
6. Quiero un amigo simpático.
7. Quiero mucho a mis padres.
8. Compro un bolígrafo.
9. ¿Qué tienes?
10. ¿A quién visitas frecuentemente?

4-20 ¿Cuál es el complemento?

1. una casa
2. Pedro
3. la mochila
4. su tía
5. un hijo pequeño

4-21 ¿Quién hace qué?

1. Nosotros las compramos.
2. Ustedes los tienen.
3. Yo la hago.
4. Ella las ve.
5. Rodrigo y yo te llamamos.
6. Tú lo necesitas.
7. Yo la visito.
8. Mi tía me llama.

4-22 ¿Sí o no?

1. No, no la veo.
2. No, no los pierdo.
3. Sí, la llamo.
4. No, no lo tengo.
5. Sí, las invito al teatro.
6. Sí, la visito.

4-23 ¿Quién va a hacerlo?

1. Nosotros vamos a buscarte.
2. Yo voy a invitarla.
3. Tú debes llamarlos.
4. Santiago lo llama.
5. Olivia y Juan tienen que escribirlas.

4-24 Preguntas sobre tu familia.

Answers will vary.

4-25 Varias situaciones.

1. ponen	6. salen	11. salimos
2. pongo	7. salen	12. traes
3. pones	8. salgo	13. traigo
4. pone	9. salgo	14. trae
5. sale	10. salimos	15. traen

4-26 Los planes.

1. salen	6. salir
2. pone	7. salgo
3. salir	8. trae
4. salimos	9. traigo
5. poner	

4-27 Planes para la noche.

1. Pongo los nombres de nuestras amigas en la mesa.
2. Traes música.
3. Traigo mi guitarra.
4. ¡Fantástico! Podemos escuchar mucha música. Pongo mi guitarra en el carro ahora.
5. ¿Qué piensas si Elena sale con nosotros también?
6. Buena idea. Oye, ¿dónde pones los números de teléfono de todas las primas?
7. Los pongo en mi librito.

4-28 Preferencias.

1. Traigo dos libros de biología.
2. Traemos la mochila.
3. Pongo los cuadernos.
4. Yo salgo a las ocho y media.
5. Pongo las fotos en la mesa.

4-29 ¡Salgo!

1. b
2. d
3. a
4. c

4-30 ¿Sabes usar pronombres de objeto directo?

1. c
2. b
3. e
4. a
5. d

4-31 ¿Sabes usar los verbos irregulares?

1. quiere
2. entiendo
3. piensa
4. prefieren
5. vuelvo
6. pueden

4-32 ¿Sabes contestar?

Answers will vary.

4-33 Preguntas personales.

Answers will vary.

4-34 ¿Al cine?

1. C
2. F
3. F
4. C
5. F

4-35 Una invitación.

1. b
2. b
3. b
4. a
5. a

4-36 Respuestas a una invitación.

1. Aceptar
2. Aceptar
3. Rechazar
4. Aceptar
5. Rechazar
6. Aceptar
7. Rechazar
8. Rechazar

4-37 Completamos las ideas.

1. a
2. c
3. b
4. a
5. b
6. a
7. a

4-38 Más invitaciones.

1. d
2. f
3. c
4. g
5. a
6. e
7. b

4-39 El énfasis.

1. a<u>bri</u>l
2. <u>ai</u>re
3. diccio<u>na</u>rio
4. E<u>dua</u>rdo
5. estu<u>dia</u>nte
6. pa<u>pe</u>l
7. <u>prac</u>tico
8. profe<u>sor</u>
9. re<u>loj</u>
10. <u>sue</u>gro
11. universi<u>dad</u>
12. vi<u>si</u>to

4-40 ¿Dónde hay acento?

1. el señor
2. Van a invitarnos.
3. ¿Qué hora es?
4. lápices
5. fácil
6. función
7. una película cómica
8. No sé.
9. ¿Te gustaría salir?
10. Tú estás en tu casa.

4-41 De compras.

1. estas
2. esas
3. aquellos
4. ese
5. estos

4-42 En la fiesta.

1. aquel
2. esta
3. ésta
4. aquella
5. ese
6. ése
7. estas
8. Ésta
9. ésta
10. Esta
11. Esto

4-43 Identificaciones.

1. ¡Qué interesante son estos partidos de fútbol!
2. ¿Cuánto cuestan esos refrescos?
3. Escucho mi música favorita cuando toca aquella orquesta.
4. Marcos va a comprar esas entradas.
5. Esa biblioteca es grande.
6. Vengo frecuentemente a este cine.
7. Me gusta correr en aquel parque.
8. Me gustan estas películas.
9. ¿Quieres hacer ejercicio en ese gimnasio?
10. Siempre hay muchos turistas en aquellos cafés al aire libre.

4-44 ¿Qué prefieres?

1. Prefiero estos cuadernos.
2. Quiero esa computadora.
3. Me gusta aquel microscopio.
4. Prefiero aquellos lápices.
5. Quiero esos libros.
6. Me gusta ese diccionario.
7. Me gustan estas calculadoras.
8. Prefiero aquellas mochilas.

4-45 ¿Cómo se llaman los estudiantes?

1. Ésta se llama María Antonia.
2. Éste se llama Eugenio.
3. Ésas se llaman María Eugenia y Virginia.
4. Aquélla se llama Alicia.
5. Aquél se llama Juan Manuel.

4-46 ¿Éste, ése o aquél?

1. No, voy a comprar ésta.
2. No, voy a pedir aquél.
3. No, vamos a ver ése.
4. No, quiero consultar éste.
5. No, pido ésos.
6. No, voy a comprar aquéllas.

4-47 Más información.

1. Saben
2. Conocen
3. Sabe
4. Conocen
5. Sabes
6. Saben
7. Sabe
8. Conoces
9. Sabe
10. Conocen

4-48 Una conversación.

1. Conoces
2. Sabes
3. sé
4. sé
5. Sabes
6. sé
7. Sabes
8. sé
9. sabe
10. Conoces
11. conozco

4-49 ¿Saber o conocer?

1. Yo sé que ellos quieren ir al cine.
2. Tú no conoces a mi suegra, ¿verdad?
3. Mi hija sabe hablar francés.
4. Tus hermanas conocen Barcelona.
5. Nosotros no sabemos dónde es el concierto.
6. Yo conozco bien a la familia de mi novio.

4-50 Unas preguntas.

Answers may vary. Possible answers:
1. ¿Sabes bailar?
2. ¿Conoces América Central?
3. ¿Sabes nadar?
4. ¿Sabes preparar una pizza?

4-51 ¿Conozco o sé?

1. b
2. a
3. b
4. a
5. a

4-52 ¿Sabes usar los pronombres y adjetivos demostrativos?

1. c
2. b
3. a
4. d
5. b
6. d

4-53 Federico y Elena.

1. b
2. a
3. c
4. c
5. b
6. c
7. b

4-54 ¿Sabes la diferencia entre *saber* y *conocer*?

1. conozco
2. sabe
3. sabemos
4. conocen
5. saben

4-55 Otras preguntas personales.

Answers will vary.

4-56 ¿Qué pasa?

1. c
2. a
3. b
4. a
5. a

4-57 La conversación.

1. familia
2. hermanos
3. novio
4. Costa Rica
5. tíos
6. primos
7. conozco

4-58 La acción y los personajes.

1. C
2. F
3. F
4. C
5. F
6. C
7. C
8. C

4-59 Más información.

1. c
2. a
3. b
4. a
5. c
6. b

4-60 ¡A informarse!

1. C
2. F
3. C
4. C
5. C
6. F
7. F
8. C

4-61 De viaje a Centroamérica.

1. a
2. b
3. c
4. c
5. b
6. a

4-62 La artesanía.

Answers will vary.

4-63 Ritmos centroamericanos.

1. b
2. a
3. c
4. a

4-64 Una carta.

Answers will vary.

4-65 Sus familias.

Answers will vary.

4-66 Entrevista.

Answers will vary.

4-67 Tus ideas.

Answers will vary.

Capítulo 5   ¿Cómo pasas el día?

5-1 ¿Recuerdas?

1. C	5. C
2. C	6. F
3. F	7. C
4. F	8. C

5-2 La mañana de Manuel y Teresa.

1. b	5. a
2. a	6. b
3. c	7. a
4. b	

5-3 ¡Fuera de lugar!

1. b	4. c
2. c	5. c
3. c	6. a

5-4 Un poco de lógica.

Answers may vary. Possible answers:

1. Me levanto. Me baño. Me seco.
2. Raúl se baña. Se viste. Sale de la casa.
3. Se cepillan los dientes. Se acuestan. Se duermen.
4. Nos despertamos. Nos ponemos la crema de afeitar. Nos afeitamos.

5-5 ¡Una casa ocupada!

1. e	4. f
2. a	5. d
3. c	6. b

5-6 Por la mañana.

1. c	4. b
2. a	5. b
3. c	6. a

5-7 El crucigrama de las actividades diarias.

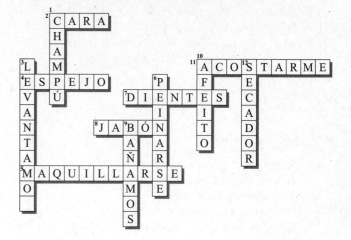

5-8 ¿Cómo te pones?

Answers will vary.

5-9 Mis vecinos y sus actividades diarias.

1. Se afeita.
2. Se acuesta.
3. Se baña.
4. Se cepilla.
5. Se despierta.
6. Se duerme.
7. Se ducha.

5-10 ¿Reflexivo o no?

1. a
2. b
3. a
4. b
5. a

5-11 ¿Qué hacen estas personas por la mañana?

1. se mira
2. nos levantamos
3. se seca
4. te lavas
5. se maquilla
6. se cepillan
7. me baño
8. se afeita

5-12 Por la mañana.

1. me levanto
2. me lavo
3. me cepillo
4. me afeito
5. me baño
6. se levantan
7. se peina / se cepilla
8. se cepilla
9. se maquilla

5-13 Maribel y Nacho.

1. se quieren
2. se escriben
3. se ven
4. se despiden
5. se encuentran

5-14 ¿Cuándo lo haces?

1. Yo me acuesto a las diez.
2. Tú te duermes a la medianoche.
3. Ella se quita el maquillaje.
4. Nosotros nos afeitamos todas las mañanas.
5. Los niños se bañan por la tarde.
6. ¿Arturo se cepilla los dientes?
7. Tú te secas el pelo en cinco minutos.
8. Nosotros nos despertamos a las siete.
9. Yo me lavo el pelo todos los días.
10. Nuestras tías se maquillan mucho.

5-15 ¿Qué van a hacer?

1. Margarita y Soledad van a dormirse en el sofá.
2. Gabriel va a ponerse nervioso.
3. Tú vas a reírte.
4. Manuel va a mirarse en el espejo.
5. Nosotros vamos a vestirnos para la fiesta.

5-16 Mis amigos de la clase de español.

1. Nos conocemos en la clase de español.
2. Siempre nos ayudamos con las tareas.
3. Nos llamamos por teléfono si necesitamos algo.
4. Nos escribimos correos electrónicos de vez en cuando.
5. Nos vemos antes de los exámenes para estudiar en grupo.

5-17 El verano.

Answers will vary.

5-18 Actividades diarias.

1. Sí, nos levantamos temprano.
2. No, no me baño por la noche.
3. Sí, los niños se cepillan los dientes después de almorzar.
4. Sí, me quito el maquillaje por la noche.
5. No, no te debes poner nerviosa.
6. Sí, Laura se pone el lápiz labial antes de salir.

5-19 Preguntas personales.

Answers will vary.

5-20 El ego de Roberto.

1. c	4. c
2. a	5. c
3. b	6. a

5-21 Más comparaciones.

1. Carlos tiene más dinero que Ricardo.
2. Ricardo es más triste que Carlos.
3. María es más elegante que Eduardo.
4. Eduardo está más gordo que María.

5-22 Comparaciones en la casa.

1. Nosotros tenemos tanto jabón como Uds.
2. Yo tengo tantas lociones como mi prima.
3. Tú tienes tantos peines como nosotros.
4. Nuestro apartamento tiene tantos espejos como el apartamento de ustedes.
5. Catalina y Clara tienen tantos cepillos como tú.
6. Mi abuelo tiene tanto pelo como Joaquín.

5-23 ¡No hay diferencia!

1. Mis abuelos son tan inteligentes como mis padres.
2. Yo me despierto tan temprano como mi mamá.
3. Mi profesora de español es tan simpática como mi profesora de francés.
4. Lavarse las manos es tan fácil como lavarse la cara.
5. Teresa no se acuesta tan tarde como Manuel.

5-24 Cristina y Rosa.

1. Cristina tiene tantos amigos como Rosa.
2. Cristina estudia tanto como Rosa.
3. Cristina se pone tan nerviosa como Rosa.
4. Cristina es tan bonita como Rosa.
5. Cristina es tan simpática como Rosa.
6. Cristina viste tan bien como Rosa.
7. Cristina se despierta tan temprano como Rosa.
8. Cristina se maquilla tanto como Rosa.

5-25 ¿Elena o Mariana?

1. Elena compra más lápices labiales que Mariana.
2. Mariana tiene más euros que Elena.
3. Elena lee menos novelas que Mariana.
4. Mariana pone menos libros en la mochila que Elena.
5. Elena ve más películas que Mariana.

5-26 Tus propias comparaciones.

Answers will vary.

5-27 Las rutinas de mi familia.

1. b. Mi hermano Jorge se acuesta a las doce y se levanta a las siete.
2. c. Mi abuela usa tanto maquillaje como Rosario.
3. b. Cuando me pongo nervioso, no me duermo.
4. a. Antes de acostarse, mi hermana Inés se quita el maquillaje.
5. c. Me lavo el pelo con champú.
6. c. No me gusta bañarme por la noche. Prefiero bañarme por la mañana.
7. a. Mi papá compra más crema de afeitar que mi mamá.
8. b. Me peino el pelo con el peine.

5-28 ¿Sabes las construcciones reflexivas?

1. se afeita
2. nos maquillamos
3. Te secas
4. me peino
5. cepillarnos
6. se lavan

5-29 ¿Sabes comparar?

1. Mi champú es tan barato como tu champú.
2. Eduardo duerme tanto como yo.
3. La navaja afeita tan bien como la máquina de afeitar.
4. Mi loción de afeitar es mejor que tu loción de afeitar.
5. Yo me cepillo los dientes más que tú *or* Yo me cepillo los dientes menos que tú.

5-30 Otras preguntas personales.

Answers will vary.

5-31 Las hijas de Cristina.

1. a	5. b
2. a	6. b
3. b	7. a
4. a	

5-32 ¡Los quehaceres!

1. C	5. C
2. F	6. F
3. C	7. C
4. F	8. C

5-33 Los quehaceres y los utensilios.

1. c   2. a   3. d   4. e   5. f   6. b

5-34 ¿Cómo es mi casa?

1. c	4. a
2. b	5. b
3. a	6. c

5-35 Casas y apartamentos.

1. b	5. a
2. a	6. c
3. a	7. b
4. c	8. c

5-36 ¡A completar!

1. sillón	6. basura
2. cuadro	7. cama
3. refrigerador	8. secadora
4. lavaplatos	9. aspiradora
5. estantes	10. mesa

5-37 Las partes de la casa de Leticia.

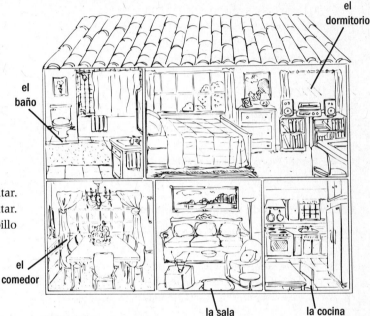

el dormitorio

el baño

el comedor

la sala

la cocina

5-38 Mi casa nueva.

Answers may vary. Possible answers:

1. Arriba del comedor está el baño.
2. Debajo del dormitorio están la cocina y la sala.
3. En la pared del dormitorio hay un cuadro.
4. En el comedor hay una mesa.
5. Entre la cama y el estante hay una cómoda.

5-39 ¿Con qué frecuencia?

Answers will vary.

5-40 La 'h.'

1. historia	4. haces
2. Hola	5. hay
3. hombres	6. Habana

5-41 La 'ch'.

1. plancha
2. noches
3. champú
4. ocho
5. plancho

5-42 Los mejores.

1. Esta casa es la más elegante de la ciudad.
2. Estos cuartos son los más grandes de toda la casa.
3. Esta lavadora es la menos cara de todas.
4. Esta mesa es la más pequeña de toda la sala.
5. Estos muebles son los menos bonitos de este restaurante.

5-43 Tu casa.

Answers will vary.

5-44 Lo mejor de lo mejor.

1. más baratos
2. más trabajador
3. más popular
4. más interesantes

5-45 ¡Estamos haciendo los quehaceres de la casa!

1. está planchando
2. está sacudiendo
3. está lavando
4. está haciendo
5. está pasando
6. están ayudando
7. estoy ordenando
8. estás limpiando

5-46 Luces, cámara, acción.

1. Tú estás durmiendo.
2. Nosotros estamos hablando.
3. Yo estoy pidiendo un sándwich.
4. Pedro está comiendo.
5. Teresa está escribiendo.
6. Nosotros estamos corriendo.
7. Tú estás leyendo un libro.
8. Carlota y Lupe están cantando.

5-47 Cada uno a lo suyo.

1. La abuela y Arturo están viendo la televisión.
2. Eugenia está jugando al tenis.
3. Pedro está nadando.
4. Víctor y Catalina están bailando.

5-48 ¿Qué están haciendo?

1. Gabriel está planchando la ropa.
2. Yo estoy afeitándome.
3. Yo estoy comprando un basurero.
4. Marcos y Ángel están divirtiéndose.
5. Ellas están leyendo en el sofá.
6. Nosotros estamos haciendo la cama.

5-49 Mi casa.

Checked items:
cama
cocina
comedor
cuadro
estantes
garaje
dormitorio
jardín
lámpara
mesa
sala
sillas
sillón
sofá

5-50 ¿Sabes usar el superlativo?

1. Mi casa es la más bonita de la ciudad.
2. Mi coche es el más caro de todos.
3. Yo soy el más inteligente de la clase.
4. Mis amigos son los más populares de la escuela.
5. Yo soy el mayor de mis hermanos.

5-51 ¿Sabes usar el presente progresivo?

1. Elena está pasando la aspiradora.
2. Ricardo está planchando la ropa.
3. Sonia está lavando la ropa.
4. Víctor está poniendo la mesa.
5. Adriana está sacando la basura.

5-52 Más preguntas personales.

Answers will vary.

5-53 ¿Qué pasa?

1. c
2. a
3. c
4. a

5-54 Los personajes.

1. f
2. c
3. d
4. e
5. b
6. a

5-55 La conversación.

1. quehaceres
2. la basura
3. la ropa
4. el baño
5. la aspiradora
6. zapatos
7. poner
8. la mesa

5-56 ¿En qué orden?

1. Hermés habla por teléfono en su trabajo.
2. Hermés sale del trabajo, furioso y no va a regresar.
3. Marcela dice que siempre hace los quehaceres de Hermés.
4. Hermés dice que saca la basura.
5. Marcela dice que pasa la aspiradora.
6. Silvia entra y les da una lista a sus compañeros.
7. A Marcela le gusta la lista pero a Hermés no le gusta.
8. Silvia dice que cada uno plancha su ropa y hace su cama.

5-57 Tres países.

1. b
2. c
3. b
4. c
5. a
6. b

5-58 ¿De qué país estamos hablando?

1. b
2. a
3. a
4. b
5. c
6. c
7. c
8. b

5-59 Cantantes.

Answers will vary.

5-60 Tu casa en Costa Rica.

Answers will vary.

5-61 Las rutinas diarias.

Answers will vary.

5-62 Tus actividades.

Answers will vary.

Capítulo 6 ¡Buen provecho!

6-1 ¡Buen provecho!

1. C
2. C
3. C
4. F
5. C
6. C
7. C

6-2 Graciela y Adriana van a comer.

1. a
2. a
3. b
4. a, c
5. c
6. a, b
7. a
8. a

6-3 En el restaurante.

1. f
2. a
3. c
4. d
5. b
6. e

6-4 Fuera de lugar.

1. c
2. a
3. b
4. b
5. d
6. a

6-5 Los alimentos.

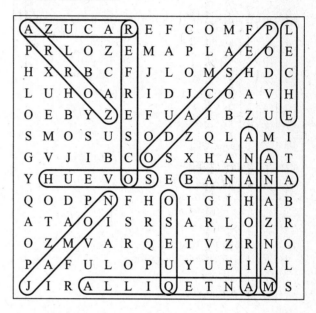

6-6 Las comidas del día.

Answers will vary.

6-7 ¿Cuál es la comida?

Answers may vary. Possible answers:
1. Bebo café con el desayuno.
2. Voy a comer una naranja con el desayuno.
3. Tomo dos huevos.
4. Mónica prefiere sopa y ensalada de lechuga y tomate.
5. Mónica come una manzana de postre.
6. No, Mónica bebe agua y un té.
7. Sí, Jaime tiene mucha hambre.
8. Come una hamburguesa con papas fritas.
9. No, Jaime va a comer torta.

6-8 Cuestionario.

Answers will vary.

6-9 ¡A completar!

1. me
2. les
3. le
4. te
5. les

6. le
7. nos
8. Me
9. te
10. les

6-10 Mi restaurante favorito.

1. nos da
2. les dice
3. le dicen
4. le da
5. me da
6. les damos

6-11 ¿Qué decimos?

1. Cuando hablamos con el camarero, yo le digo "usted", pero mi mamá le dice "tú".
2. Mario dice "coche", pero tú dices "carro".
3. Nosotros decimos "muchachos", pero ustedes dicen "chicos".
4. Yo digo "mucho gusto", pero la profesora dice "encantada".
5. María y Pancha dicen "patatas", pero Alejandra dice "papas".
6. Graciela dice "sándwich", pero usted dice "bocadillo".

6-12 ¿Qué le damos de comer?

1. Su mamá le da toronjas.
2. Nosotros le damos un plato vegetariano.
3. Yo le doy agua mineral.
4. Jorge le da una sopa de pollo muy rica.
5. Sus hermanas le dan un té caliente.
6. Tú le das una merienda.

6-13 Repartición de comida.

1. Les doy unas naranjas a mis primos.
2. Te doy una sopa a ti.
3. Le doy una torta de chocolate a mi papá.
4. Les doy unos bocadillos a mi primo y a su esposa.
5. Te doy unos yogures a ti.
6. Le doy un refresco a mi esposo(a).

6-14 Somos muy generosos.

1. Yo le doy una manzana. Rafael me da una toronja.
2. Tú me das un poquito de sopa. Yo te doy un bocadillo.
3. El camarero me da la cuenta. Yo le doy la propina.
4. Nosotros les damos un refresco. Ustedes nos dan agua mineral.
5. Bárbara les da unos frijoles. Ellos le dan arroz con pollo.
6. Andrés y Javier le dan la sal. Usted les da la mantequilla.

6-15 El camarero ocupado.

1. nos
2. me
3. nos
4. nos
5. les
6. me

6-16 El cumpleaños de Pedro en el restaurante.

1. Sí, le está trayendo el vino.
2. Sí, le está sirviendo la ensalada.
3. Sí, le quieren dar un pastel.
4. Sí, me va a dar el dinero.
5. Sí, nos va a comprar los helados.
6. Sí, me va a pedir langosta.
7. Sí, les puede dar una bebida especial.

6-17 La pirámide de la alimentación.

Answers will vary.

6-18 Raúl y Julián.

1. interesan
2. interesan
3. parecen
4. fascina
5. gusta

6. encantan
7. encanta
8. encantan
9. gusta
10. fascinar

6-19 ¿Qué les gusta?

1. A ti te gustan las galletas de chocolate.
2. A mí me gustan los camarones.
3. A ustedes les gusta comer en la terraza.
4. A ella le gusta mucho cocinar.
5. A nosotros nos gusta ese restaurante vegetariano.
6. A usted le gustan los frijoles negros.

6-20 Las experiencias.

1. A mí me molestan los camareros impacientes.
2. A ti te interesa ver los ingredientes.
3. A nosotros nos falta comprar los refrescos.
4. A ustedes les cae bien Julián.
5. A usted le caen mal Javier y Anita.
6. A Enrique y a mí nos encanta el arroz con pollo.
7. A Isabel y a Tomás les fascina la comida chilena.

6-21 Los gustos de los demás.

1. A María le gusta la ensalada.
2. A Pedro le gusta el café.
3. A Carmen le gusta el vino.
4. A Ramón le gustan los bocadillos/le gusta el jamón.
5. A Teresa le gusta el pollo.
6. A Marcos le gustan las manzanas.

6-22 ¿Te gusta...?

Answers will vary.

6-23 Los señores Vega en el mercado.

1. F
2. C
3. F
4. F
5. F
6. F
7. C
8. C

6-24 ¿Sabes usar los pronombres de objeto indirecto?

1. a
2. c
3. c
4. b
5. a

6-25 ¿Sabes usar los verbos como *gustar*?

1. les fascina
2. me encantan
3. nos molestan
4. le aburre
5. te parecen

6-26 Preguntas personales.

Answers will vary.

6-27 La cena de Mamá, Papá y Lola.

1. F
2. C
3. C
4. C
5. F
6. C
7. C
8. F
9. F
10. F

6-28 La cocina de tía Julia.

1. b
2. b
3. c
4. b
5. c

6-29 En la cocina.

1. c
2. a
3. a
4. b
5. a
6. b

6-30 Vamos a completar.

1. congelador
2. cafetera
3. estufa
4. sartén
5. receta
6. pizca
7. tostadora
8. pelar

6-31 Muchos cocineros.

1. pelan
2. echa
3. fríen
4. hiervo
5. tuestas
6. calientan

6-32 Los utensilios de la cocina.

Answers will vary.

6-33 Las "c", "s", "z".

1. s
2. c
3. s
4. z
5. c
6. s
7. z
8. c
9. s
10. c

6-34 La "c".

1. a
2. c
3. a
4. a
5. a
6. c

6-35 La "s".

1. a
2. c
3. b
4. b
5. c
6. a

6-36 La "z".

1. b
2. c
3. a
4. b
5. c
6. b

6-37 ¿Qué hicieron en la clase de cocina?

1. peló
2. escribieron
3. echó
4. compré
5. cocinó
6. tapaste
7. preparamos
8. calentamos

6-38 El almuerzo de ayer.

1. almorcé
2. Llamé
3. invité
4. llegamos
5. pedimos
6. preparó
7. añadí
8. bebí
9. tomó
10. dejamos

6-39 ¿Qué pasó?

1. Yo cociné mucho la semana pasada.
2. ¿Tú compraste los camarones en el mercado?
3. Nosotros vendimos dos kilos de tomates.
4. Ustedes pelaron las papas en la cocina.
5. Yo leí la receta esta mañana.
6. Ella trabajó en un restaurante famoso.

6-40 ¿Qué hicieron?

1. Comimos cereal y manzanas.
2. Salimos a comer con nuestros abuelos.
3. Caminamos por el parque.
4. Compré todos los ingredientes para la cena.
5. Compró un microondas.

6-41 Preguntas de los padres.

1. Sí, ellas lo tomaron.
2. Sí, yo lo comí.
3. Sí, nosotros la vendimos.
4. Sí, él la calentó.
5. Sí, yo la leí.
6. Sí, tú lo tostaste bien.

6-42 Preguntas de mi mamá.

Answers may vary. Possible answers:
1. No, no le expliqué cómo llegar.
2. No, no comencé a ver el menú.
3. No, no practiqué inglés con los camareros.
4. No, no busqué un plato vegetariano para Clara.
5. No, no pagué mucho por la cena.
6. No, no abracé a mi novia cuando llegué a casa.
7. No, no almorcé en la cafetería ayer.

6-43 Oraciones (*Sentences*) en el pretérito.

Answers will vary.

6-44 La primera cita.

1. durmió
2. Se sintió
3. Leyó
4. Siguió
5. Pidió
6. Sirvió

6-45 Una mala experiencia.

1. prefirieron
2. leyó
3. leyeron
4. pidió
5. pidieron
6. sirvió
7. pidió
8. creyó
9. durmió
10. se sintieron

6-46 Lo que pasó.

1. Yo pedí crema para el café.
2. Paco prefirió el pan francés.
3. Usted durmió mucho después del almuerzo.
4. El abuelo de Raúl murió en septiembre.
5. Yo repetí el ejercicio.
6. Tú seguiste estudiando por la noche.
7. Ella sintió hambre.
8. Los camareros sirvieron los mariscos.

6-47 Anoche en el restaurante.

1. Susana leyó el menú rápidamente.
2. Tú leíste el menú en español.
3. Los niños no leyeron el menú.
4. Yo oí música en la cocina.
5. Marcos oyó el teléfono.

6-48 Durante el almuerzo.

1. Juan pidió postre.
2. Dormí solamente seis horas.
3. Yo preferí beber agua mineral.
4. José y María prefirieron más sal.
5. Mi papá siguió las instrucciones de la receta.
6. Sí, sirvieron mucha comida.

6-49 Tú última visita a un restaurante.

Answers will vary.

6-50 ¿Sabes usar el pretérito de los verbos regulares?

1. c
2. f
3. a
4. e
5. b
6. d

6-51 ¿Sabes usar el pretérito de los verbos irregulares?

1. c
2. a
3. c
4. b
5. c

6-52 Felicia preparó una cena para dos.

1. a
2. c
3. c
4. b
5. b
6. b

6-53 Otras preguntas personales.

Answers will vary.

6-54 ¿Qué pasa?

1. c
2. a
3. b
4. a
5. c

6-55 ¿Qué comida llevaron?

Silvia: tortilla de patata
Marcela: tacos de pollo con salsa picante
Hermés: arroz con leche de coco
Felipe: empanadas

6-56 La conversación.

1. paella
2. tortilla
3. maíz
4. pollo
5. salsa
6. menú
7. lechuga
8. tomate
9. queso
10. postre

6-57 La acción y los personajes.

1. C	5. F
2. C	6. C
3. F	7. C
4. C	8. C

6-58 ¡A informarse!

1. C	6. F
2. C	7. C
3. F	8. F
4. C	9. F
5. F	10. C

6-59 Un poco de historia.

1. f	4. b
2. a	5. c
3. e	6. d

6-60 El tren de "Los Prisioneros".

1. b	4. a
2. b	5. a
3. c	

6-61 La guía *Zagat*.

1. F	4. F
2. C	5. C
3. C	6. C

6-62 Los anuncios.

Answers may vary. Possible answers:
1. Están en Santiago, Chile.
2. "La casa de los tres hermanos" y "La masía" tienen el pescado como especialidad.
3. "Vaquita grande" y "La masía" tienen la carne como especialidad.
4. Las especialidades son pescado a la parrilla, filetes, camarones al horno y ensaladas.

6-63 Tu restaurante.

Answers will vary.

Capítulo 7   ¡A divertirnos!

7-1 El fin de semana.

1. a
2. c
3. b
4. c
5. c

7-2 Dos amigos.

1. c	4. b, c
2. c	5. b
3. a, b	6. c

7-3 ¿Lógico o ilógico?

1. L	5. L
2. L	6. I
3. I	7. I
4. L	8. L

7-4 Los pasatiempos.

1. d
2. e
3. a
4. b
5. c

7-5 ¿Qué tiempo hace?

1. a	4. a
2. b	5. c
3. b	6. b

7-6 ¡A completar!

1. sombrilla	4. heladera
2. traje de baño	5. hielo
3. toalla	6. bolsa

7-7 Hablamos del tiempo.

1. Por lo general, solamente nieva aquí en invierno.
2. Salgo a tomar sol en la playa porque hace calor.
3. Hace mal tiempo hoy. Hace mucho viento y llueve.
4. El día está perfecto porque hace sol.
5. Está nevando. Hace mucho frío.

7-8 Preguntas y respuestas.

Answers may vary. Possible answers:
1. Hace sol y hace calor.
2. Bebo café cuando hace mucho frío.
3. Nado en el mar.
4. En mi ciudad no nieva, pero llueve mucho.
5. Hace mucho frío en invierno.
6. Hace mucho calor en verano.

7-9 ¿Qué hiciste ayer?

1. viste; Vi
2. fuiste; Fui
3. Tuviste; tuve
4. Estuviste; estuve; di
5. diste; Di

7-10 ¿Qué pasó?

1. fui; fue; fueron; fuimos
2. tuvimos; tuve; tuvieron; tuvimos; tuvo
3. di; dieron; dio; dimos
4. estuve; estuvieron; estuvimos; estuvo; estuvimos; estuviste

7-11 Anoche.

1. Ella me dio las toallas.
2. Tú tuviste que comprar un traje de baño.
3. Nosotros estuvimos en el cine.
4. Mis amigos fueron al partido.
5. Yo vi una película de Antonio Banderas.
6. Antonio Banderas fue el mejor actor de la película.

7-12 Tú y yo.

1. Yo fui al concierto, pero Raúl no fue al concierto.
2. Daniela y Wanda estuvieron enfermas, pero yo no estuve enferma.
3. Luisa y yo vimos la película anoche, pero Margarita no vio la película anoche.
4. Nosotros fuimos estudiantes en esa universidad, pero Jaime y Rosa no fueron estudiantes en esa universidad.
5. Yo tuve exámenes ayer, pero ellas no tuvieron exámenes ayer.
6. Yo le di la tarea al profesor pero mis amigos no le dieron la tarea al profesor.

7-13 En el teatro.

Answers may vary. Possible answers:
1. Sonia me dio una entrada para el teatro Hispaniola.
2. Vi "Diatriba de amor contra un hombre sentado".
3. Sonia tuvo que pagar 600 pesos.
4. Estuve en el asiento 10.
5. Fuimos al teatro el 25 de octubre.
6. La obra de teatro fue a las nueve de la noche.

7-14 Conversaciones.

1. ni; ni
2. algo; nada
3. algún; ninguno
4. alguien; nadie
5. Siempre
6. Nunca; ningún

7-15 Ana y Paco riñen (*argue*).

1. Nosotros siempre vamos a la playa.
2. Yo siempre te doy algún regalo.
3. Nosotros siempre vamos o a la discoteca o al cine.
4. Yo también te invito a dar un paseo.
5. Nosotros siempre vemos a algún amigo.
6. Yo quiero a alguien. Te quiero a ti.

7-16 Al contrario.

1. Hay algo en la bolsa.
2. Alguien está dando un paseo.
3. Hay alguna sombrilla.
4. Siempre bebo limonada en un pícnic.
5. También tomo café en la playa.
6. O leemos una novela o vemos la televisión.

7-17 El pícnic que nadie quiere.

1. No, no invito a nadie.
2. No, no llamamos ni a Olivia ni a Lola.
3. No, nunca hablo con Ramón.
4. No, no traen nada para comer.
5. No, no pone ningún refresco en la heladera.
6. No, no traigo lechuga tampoco.

7-18 Tus pasatiempos.

Answers will vary.

7-19 ¿Sabes usar las expresiones indefinidas y negativas?

1. c
2. a
3. d
4. c
5. c

7-20 El fin de semana.

1. c
2. a
3. b

4. e
5. f
6. d

7-21 ¿Sabes usar el pretérito de los verbos irregulares? (1)

1. tuvimos
2. di
3. viste
4. fue
5. estuve
6. fue

7-22 En el tiempo libre.

Answers will vary.

7-23 Hablando de deportes.

1. C
2. F
3. C
4. F
5. F
6. C

7-24 ¡El primer día de la temporada de vólibol!

1. a, b
2. a
3. c
4. b
5. b, c

7-25 Asociaciones.

1. d
2. a
3. f
4. b
5. c
6. e

7-26 Los deportes.

1. d
2. e
3. c
4. b
5. a

7-27 Más deportes.

1. aficionados
2. gritan
3. árbitro
4. equipo
5. empatan
6. entrenador

7-28 Crucigrama.

7-29 ¿Te gustan los deportes?

Answers will vary.

7-30 Ca, co, cu, que, qui, k.

1. esquí acuático
2. el hockey
3. calor
4. fresco
5. preocupes
6. discoteca

7-31 Más sonidos.

1. periódico
2. qué
3. kilo
4. contaminación
5. quién
6. concierto

7-32 El partido de anoche.

1. hubo
2. pude
3. me puse
4. vinieron
5. trajeron
6. supimos
7. dijo
8. nos pusimos
9. Pudiste

7-33 Una carta.

1. fui
2. pudimos
3. fuimos
4. pude
5. fuimos
6. estuvimos
7. vinieron
8. fueron
9. fue
10. pude
11. vine
12. traje

7-34 El partido de ayer.

1. Ellos vinieron a las tres y tú viniste a las cuatro.
2. Yo traje la heladera y mi novia trajo las toallas.
3. Ellos pudieron gritar, pero yo no pude gritar.
4. Nosotros dijimos "¡Fabuloso!", pero los aficionados del otro equipo dijeron "¡Qué mala suerte!"
5. En el partido de vólibol hubo 500 espectadores, pero en el partido de hockey hubo 600 espectadores.
6. En aquel momento, el árbitro quiso correr y los entrenadores quisieron correr también.

7-35 ¡Absolutamente no!

1. No, no lo pusimos en el baño.
2. No, no las traje.
3. No, no lo dije.
4. No, no lo dijo.
5. No, no las hicimos.
6. No, no los tuvimos.

7-36 Un partido de la Copa Mundial.

Answers may vary. Possible answers:

1. Luis y Arturo fueron a Alemania. / Luis y Arturo fueron a ver un partido de la Copa Mundial de fútbol en Alemania.
2. Luis y Arturo pudieron ver el partido entre Alemania y Colombia.
3. El partido fue en el Estadio Olímpico de Berlín.
4. Luis y Arturo pagaron ciento veinticinco dólares por una entrada.
5. El partido fue a las siete de la noche.

7-37 Un día de pícnic.

1. Se la traigo.
2. Se la pido.
3. Se lo compro.
4. Se los preparo.
5. Me la hago.
6. Se la pongo.
7. Mi hermano se lo echa.
8. Mi madre nos la da.

7-38 ¿Me lo escribes, por favor?

1. Se lo compro.
2. Me los enseña.
3. Te lo leen.
4. Nos la traes.
5. Se los dicen.
6. Se las dan.
7. Me lo buscan.
8. Se los preparo.

7-39 Muchas preguntas.

1. Sí, nos los hizo.
2. Sí, me lo compró.
3. Sí, me la pusieron en la bolsa.
4. Sí, nos la dijeron.
5. Sí, nos lo trajeron.
6. Sí, me la pudieron comprar.

7-40 Las entradas.

1. Raúl se las compró.
2. Raúl se lo dijo.
3. Rubén no quiso aceptarlas.
4. Rubén se las pagó.
5. Rubén nos las dio.
6. Rubén nos las trajo a la casa.

7-41 Sí, te lo escribo.

1. Sí, se la pido.
2. Sí, se los llevo.
3. Sí, te las doy.
4. Sí, se lo digo.
5. Sí, me lo compra.
6. Sí, te la traigo.

7-42 Ignacio y Mónica.

1. c
2. a
3. b
4. c
5. a
6. b

7-43 ¿Sabes usar los pronombres de objecto indirecto y directo juntos?

1. se los
2. te lo
3. me la
4. nos las

7-44 ¿Sabes usar el pretérito de los verbos irregulares? (2)

1. supo; fue
2. pusiste
3. Hubo; pude
4. conocieron; estuvieron

7-45 ¿Qué pasó ayer?

1. Sí, lo dijo.
2. Vine a la playa a las once.
3. Dijimos "¡Qué mala suerte!
4. Sí, se lo pude dar.
5. Lo puso en la heladera.
6. Sí, pudo batear.
7. Julio me la trajo.
8. Yo fui a esquiar.

7-46 ¿Qué pasa?

1. b
2. a
3. a
4. b
5. b

7-47 La conversación.

1. llueve
2. hace
3. sol
4. playa
5. aficionada
6. aire
7. fútbol
8. boxeo

7-48 ¿Quién fue?

1. b
2. c
3. d
4. a
5. c
6. a

7-49 El tiempo libre.

1. c		5. c	
2. b		6. b	
3. c		7. b	
4. a		8. a	

7-50 ¡A informarse!

1. a		5. a	
2. c		6. c	
3. b		7. b	
4. b			

7-51 Los deportes en el Caribe.

1. Cuba
2. Puerto Rico
3. República Dominicana
4. Cuba
5. Puerto Rico
6. República Dominicana
7. New York
8. República Dominicana

7-52 Juan Luis Guerra.

1. b		4. b	
2. c		5. c	
3. a		6. b	

7-53 Nicolás Guillén.

1. F
2. C
3. F
4. F
5. C

7-54 Un fin de semana.

Answers will vary.

7-55 Una comparación.

Answers will vary.

Capítulo 8 ¿En qué puedo servirle?

8-1 De compras.

1. C
2. F
3. C
4. C
5. C
6. F

8-2 Las compras de Rita.

1. b, c		5. b, c	
2. a, c		6. b, c	
3. b		7. c	
4. c		8. b	

8-3 ¿Cómo se visten?

Answers may vary. Possible answers:
1. el bolso
2. la falda
3. el traje
4. la camisa
5. el saco
6. la blusa
7. la corbata
8. los pantalones

8-4 La tienda *La Moda*.

8-5 La ropa.

1. abrigo
2. caja
3. ganga
4. probador
5. tarjeta de crédito
6. manga corta
7. material
8. rebaja

8-6 El cliente y el dependiente.

1. b
2. d
3. a
4. e
5. c

8-7 En la tienda.

1. ¿En qué puedo servirle?
2. ¿Qué talla usa?
3. ¿Qué número calza?
4. Me queda estrecha.

8-8 ¿Qué ropa llevas?

Answers will vary. Possible answers:

1. Para ir a una celebración familiar, llevo un vestido azul, una chaqueta blanca y zapatos blancos.
2. Para ir al centro estudiantil, llevo una falda, una camisa y zapatos negros.
3. Para ir a un partido de básquetbol, llevo vaqueros, una camisa y zapatos de tenis.
4. Cuando hace mucho frío, llevo un suéter y un abrigo.
5. Cuando hace mucho calor, llevo pantalones cortos de algodón, una blusa de manga corta y sandalias.

8-9 ¿Qué hacían cuando iban de compras?

1. compraba
2. pedían
3. sabía
4. jugaban
5. se probaban
6. atendía
7. pagaba
8. encontrabas

8-10 Los recuerdos de mi abuela.

1. trabajábamos
2. veíamos
3. llevaban
4. comprábamos
5. comíamos

8-11 La vida de la dependienta.

1. trabajaba
2. llegábamos
3. hablaba
4. tomábamos
5. se abría
6. eran
7. se ponían
8. encontraban
9. gustaba
10. nos divertíamos

8-12 Mis recuerdos.

1. era
2. era
3. eran
4. era
5. éramos
6. íbamos
7. iba
8. iban
9. iban
10. íbamos
11. veía
12. veía
13. veía
14. veíamos

8-13 ¿Qué hacían ustedes?

1. Yo miraba las blusas, y mis primas miraban los pantalones.
2. Tú almorzabas en el centro comercial, y nosotros almorzábamos en un restaurante cerca de la tienda.
3. Leticia salía del probador, y yo también salía del probador.
4. Ustedes pedían la talla grande, y nosotros pedíamos la mediana.
5. Tú estabas contenta, y nosotras estábamos cansadas.

8-14 Nuestra familia antes.

1. Tú eras muy introvertida.
2. Fernando veía la televisión todas las tardes.
3. Nosotros íbamos a México cada año.
4. Cecilia y Patricia eran buenas amigas.
5. Yo era buen jugador de fútbol.
6. Tú ibas de compras de vez en cuando.
7. Ella era dependienta en la tienda.
8. Nosotros veíamos el centro comercial desde nuestra casa.

8-15 Ayer por la tarde.

1. Ayer por la tarde, Arturo y la abuela veían la televisión.
2. Ayer por la tarde, Eleonora estudiaba química.
3. Ayer por la tarde, Lucy y Memo daban un paseo.
4. Ayer por la tarde, Rosa compraba una blusa.
5. Ayer por la tarde, Victoria hablaba por teléfono.

8-16 Cuestionario.

Answers will vary.

8-17 Números, números.

1. tercera
2. octavo
3. quinta
4. séptimo
5. sexto
6. segunda
7. cuarto
8. primer

8-18 ¿Dónde está?

1. segunda
2. tercera
3. segunda
4. sótano
5. sexta
6. séptima
7. cuarta
8. tercera

8-19 Muchos números.

1. Ésa fue la cuarta tienda que visité hoy.
2. El Sr. Ramos trabaja en el sexto piso.
3. Es el primer saco de lana que compro.
4. Quería ir de compras en la Quinta Avenida en Nueva York.
5. Aquí estoy, en el tercer probador a la derecha.
6. Es la segunda vez que compro en esta tienda.
7. Compré los vaqueros en el octavo piso.
8. Es la décima persona que se prueba este vestido.

8-20 ¿Sabes los números ordinales?

1. e
2. c
3. a
4. d
5. b

8-21 El trabajo de mi mamá.

1. b
2. a
3. b, c
4. b
5. a
6. a

8-22 ¿Sabes usar el imperfecto?

1. pagaba / comprábamos
2. leíamos
3. iban / gastaban
4. encontrabas
5. trabajaba

8-23 En el pasado.

Answers will vary.

8-24 ¿Qué compraste?

1. C
2. F
3. F
4. C
5. F
6. C
7. C

8-25 En el centro comercial.

1. b, c
2. b
3. c
4. b
5. a
6. a, b

8-26 ¿Lógico o ilógico?

1. a, b
2. c
3. a, b
4. b
5. b
6. b, c
7. b, c
8. a, b, c

8-27 Las tiendas.

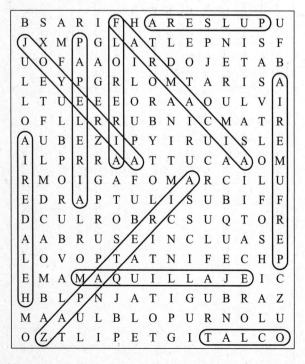

8-28 Unos regalos.

Answers will vary.

8-29 ¿"G", "j", o "x"?

1. j
2. x
3. g
4. g
5. g
6. j
7. j
8. j

8-30 Palabras con "g", "j", o "x".

1. b
2. c
3. c
4. b
5. a
6. a
7. b
8. a

8-31 En el mercado.

1. iban
2. encontraba
3. encontramos
4. compraba / tomaba
5. nos despertamos / pudimos
6. gastábamos / gastó
7. hacíamos

8-32 Ayer fue un día diferente.

1. usaba / usó
2. se ponían / se pusieron
3. íbamos / fuimos
4. gastaban / gastaron
5. quedaba / quedó
6. devolvía / devolví
7. valían / valían
8. pagaba / pagué

8-33 El verano en Guayaquil.

1. iba
2. hacíamos
3. íbamos
4. compraba
5. vio
6. gustó
7. entramos
8. era
9. dijo
10. costaba
11. me probé
12. pagué

8-34 Lo que pasó.

1. Pablo trabajaba cuando yo lo llamé por teléfono.
2. Mis abuelos siempre nos visitaban cuando nosotros teníamos vacaciones.
3. Generalmente nosotros estudiábamos en la biblioteca cuando había un examen.
4. Ayer yo encontré una tienda fantástica mientras caminaba por el centro.
5. Anoche nosotros salimos a las nueve, fuimos al centro comercial y buscamos el regalo perfecto para el cumpleaños de Rodrigo.
6. Eran las cinco de la tarde y hacía mucho calor.
7. Ellos no sabían que tú estabas tan triste.
8. ¿Cuántos años tenías cuando fuiste a Bolivia?

8-35 Eventos del pasado.

1. ¡Qué día tan interesante tuviste hoy!
2. Me levanté temprano porque quería ir al centro comercial con mis amigas.
3. Iban a tener la venta-liquidación más grande de todo el año.
4. Normalmente, no salía de su casa a tan temprano.
5. Este año decidimos que íbamos a comprar muchos regalos para mis amigos y para mi familia.

8-36 ¿Compré o compraba?

1. buscaba
2. estaban
3. hablaba
4. pregunté
5. debía
6. dije
7. contestó
8. era
9. Fui
10. pagué

8-37 El sábado de Lucía.

Answers may vary. Possible answers:
1. Lucía miraba su ropa nueva y hablaba por teléfono.
2. Lucía llevaba una blusa y unos pantalones.
3. Lucía fue de compras en Saga Falabella.
4. Lucía compró un par de vaqueros, otra ropa y un perfume.
5. El novio de Lucía llevaba vaqueros y una camisa.

8-38 ¿Qué se hace en cada situación?

1. c
2. d
3. a
4. f
5. b
6. e

8-39 ¡La venta-liquidación!

1. Se dice
2. se regatea
3. se vende
4. se compra
5. se paga
6. se devuelve
7. se permiten

8-40 Se dice...

1. Se puede ver mucha ropa de algodón.
2. Se paga con tarjeta de crédito.
3. Se habla español.
4. Se abre a las diez.
5. Se vende mucho porque hay descuentos.

8-41 ¿Qué se hizo?

1. Se perdió la tarjeta de crédito.
2. Se terminaron las venta-liquidaciones ayer.
3. Se compró un anillo en el mercado.
4. Se nombró a Bárbara Molina como dependienta del mes.
5. Se devolvieron los vaqueros.
6. Se encontraron las sandalias.

8-42 Las rebajas en tu ciudad.

Answers will vary.

8-43 Una conversación en el centro comercial.

1. C
2. F
3. F
4. C
5. C
6. C
7. F
8. C
9. C
10. F

8-44 ¿Sabes diferenciar el pretérito del imperfecto?

1. era
2. gustaba
3. fuimos
4. vi
5. era
6. quería
7. compraron

8-45 ¿Sabes usar el *se* pasivo e impersonal?

1. se prohíbe
2. Se dice
3. se venden
4. Se anuncian
5. se necesitan

8-46 En el almacén.

1. Eran
2. llegué
3. Había
4. entendí
5. estaba
6. salí
7. vi
8. tenía
9. gasté
10. esperaba

8-47 ¿Qué pasa?

1. c
2. a
3. a
4. b
5. a

8-48 Se vende...

Checked items: arcos, aretes, blusas, faldas, figuras de madera, sandalias

8-49 La conversación.

1. cuero
2. estrechas
3. blusa
4. algodón
5. rayas
6. falda
7. juego
8. comprarte

8-50 En el mercado.

1. b
2. a
3. c
4. a
5. c
6. b
7. b
8. a

8-51 La acción y los personajes.

1. C
2. C
3. F
4. C
5. C
6. C

8-52 ¡A informarse!

1. F
2. C
3. F
4. C
5. F
6. C
7. F
8. C
9. F
10. C

8-53 El mapa del Perú y del Ecuador.

1. a
2. b
3. b
4. a
5. a
6. b
7. a
8. a

8-54 Yawar.

1. C
2. F
3. F
4. C
5. F
6. C

8-55 Fábulas de Esopo en español.

Answers will vary.

8-56 De compras.

Answers will vary.

8-57 Tu descripción.

Answers will vary.

Capítulo 9 Vamos de viaje

9-1 Un viaje.

1. b
2. c
3. a
4. a
5. b
6. b

9-2 El viaje de Silvia y Marcelo.

1. c
2. a, b, c
3. a, c
4. a
5. a, b
6. b
7. c
8. b

9-3 Jorge y Virginia hacen un viaje.

1. F
2. C
3. F
4. C
5. C
6. F
7. F
8. F

9-4 Fuera de lugar.

1. c
2. b
3. a
4. d
5. a
6. c

9-5 De viaje.

1. c
2. c
3. a
4. b
5. b
6. b
7. c

9-6 Cuestionario.

Answers will vary.

9-7 Anuncios.

1. La agencia de viajes se llama Agencia de Viajes Mundiales.
2. La agencia anuncia tarifas de ida y vuelta desde Nueva York.
3. La agencia está en el corazón de Manhattan.
4. Los viajes más caros son los viajes a Maracaibo y a la isla Margarita.
5. El viaje más barato es el viaje a Santo Domingo.
6. *Answers will vary.*

9-8 Respuestas breves.

1. c
2. d
3. b
4. a

9-9 ¡A completar!

1. por
2. por
3. por
4. para
5. por
6. por
7. por / para
8. para

9-10 Decisiones.

1. para
2. para
3. por
4. Para
5. Por
6. Por
7. Para
8. por
9. para
10. para

9-11 Actividades durante las vacaciones.

1. para
2. por
3. por
4. por
5. para
6. Por
7. por
8. por
9. por
10. para

9-12 De viaje en Colombia.

1. Por la mañana hacemos una excursión a Bogotá.
2. Paseamos por el centro para visitar los monumentos.
3. Los pasaportes son para ustedes y van a estar listos para mañana.
4. Pagamos quinientos dólares por los dos pasajes.
5. Fuimos por las maletas.
6. ¿Van a viajar por tren por la tarde o por la mañana?
7. ¿Necesitaron mucho dinero para el viaje?
8. Estuvimos en Colombia por un mes.

9-13 Viajes Venezolanos.

Answers may vary. Possible answers:
1. El viaje a Valencia es por autobús.
2. Por un viaje a Sao Paulo se paga 221.200 bolívares.
3. La salida del viaje a Miami es para el 28 de abril.
4. El viaje a Miami es por cuatro días.

9-14 ¿Cómo lo hacen?

1. cuidadosamente
2. lentamente
3. elegantemente
4. fácilmente
5. frecuentemente
6. rápidamente
7. pacientemente
8. maravillosamente

9-15 Hablando del viaje.

1. Carmen y Jorge hablaban alegremente.
2. El avión llegaba lentamente al aeropuerto.
3. La asistente de vuelo pasó rápidamente por el avión.
4. Finalmente los viajeros salieron del avión.
5. Pasamos por la aduana fácilmente.
6. Solamente los inspectores de aduana pueden entrar aquí.
7. El piloto aterrizó correctamente.
8. Carmen espera impacientemente.

9-16 Más adverbios.

1. Dormimos tranquilamente.
2. Hablo con mis padres frecuentemente.
3. Contesto las preguntas correctamente.
4. Escribí las instrucciones claramente.
5. Mi abuelo camina lentamente.
6. Encontramos el hotel fácilmente.

9-17 Emparejamientos.

1. Ellas hablan alegremente.
2. Él canta claramente.
3. Ellos se visten elegantemente.
4. Ellos hacen cola pacientemente.

9-18 ¿Sabes usar *por* y *para*?

1. por
2. para
3. por
4. para
5. para
6. por

9-19 ¿Sabes usar los adverbios?

1. inmediatamente
2. tranquilamente
3. rápidamente
4. amablemente
5. cuidadosamente
6. lentamente

9-20 ¿Quién está en el aeropuerto?

9-21 Preguntas personales.

Answers will vary.

9-22 Un correo electrónico.

1. C
2. F
3. C
4. C
5. F
6. C
7. C
8. F

9-23 Después de las vacaciones.

1. c
2. a
3. c
4. b, c
5. a, b
6. c
7. b

9-24 Cosas de las vacaciones.

1. d
2. f
3. a
4. c
5. b
6. e

9-25 ¡A completar!

1. gafas de sol
2. mapa
3. flores
4. estadía
5. rollo
6. bosque
7. vista
8. pescar
9. montar
10. isla

9-26 Un crucigrama.

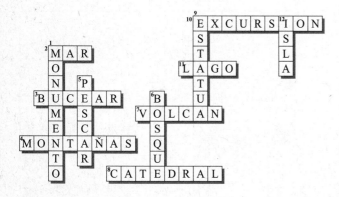

9-27 La "g" de "guía".

1. grande
2. golf
3. salgo
4. manga
5. algunos
6. ganar

9-28 La "g" de "despegar".

1. jugo
2. digo
3. pagamos
4. Bogotá
5. agosto
6. hago

9-29 ¡A practicar!

1. caminemos / bebamos / escribamos
2. hagan / oigan / traigan
3. conozca / duerma / me siente
4. lleguen / sigan / saquen
5. te sientas / busques / seas
6. dé / venga / esté

9-30 Las vacaciones de mamá.

1. llame
2. lean
3. hablemos
4. sea
5. hagas
6. pida
7. preparemos
8. compre

9-31 Unas recomendaciones.

1. reserve / cambie / tenga / pague
2. hagas / muestres / abras / esperes
3. abordemos / hagamos / nos sentemos / le demos
4. despegue / sea / tenga / aterrice

9-32 ¿Qué quiere la asistente de vuelo?

La asistente de vuelo…
1. quiere que yo camine por el pasillo del avión.
2. quiere que tú vengas aquí delante.
3. quiere que usted coma toda la comida.
4. quiere que nosotros hagamos nuestro trabajo durante el vuelo.
5. quiere que los niños hablen mucho.
6. quiere que tú veas el volcán desde la ventanilla.
7. quiere que yo traiga mi computadora.
8. quiere que nosotros nos quedemos en el asiento.

9-33 Los padres.

Los padres…
1. insisten en que yo piense en mis clases durante las vacaciones.
2. insisten en que tú juegues con los niños.
3. insisten en que nosotras durmamos tranquilamente.
4. insisten en que ustedes no lleguen tarde al vuelo.
5. insisten en que nosotros empecemos a comer ahora.
6. insisten en que tú busques tu tarjeta de embarque.

9-34 Tus vacaciones.

Answers will vary.

9-35 Durante las vacaciones.

1. El señor Ureña desea que ustedes pongan el equipaje aquí.
2. Tu madre insiste en que tú vengas pronto.
3. Nosotros le decimos que monte a caballo.
4. Yo quiero que nosotros salgamos de aquí.
5. El guía turístico me prohíbe que me quede en el hotel.

9-36 Preguntas del guía.

1. El guía le aconseja a Isabel que vaya a bucear por la tarde.
2. El guía necesita que Carlos vuelva en dos semanas.
3. El guía me sugiere que monte a caballo.
4. El guía le aconseja a Teresa que compre recuerdos.
5. El guía me recomienda que visite la catedral.

9-37 En el hotel.

1. duerman / hagan / saquen / se queden / recorran
2. hable / pague / dé / llame
3. nos levantemos / nos acostemos / vayamos / empecemos / montemos / pasemos

9-38 Recomendaciones.

Answers will vary.

9-39 El Hostal Margarita.

1. F   4. F
2. C   5. C
3. C   6. C

9-40 ¿Sabes usar el presente del subjuntivo?

1. puedan   6. sacar
2. sea   7. busque
3. esté   8. pregunte
4. montar   9. pasemos
5. ir   10. hagamos

9-41 Más usos del subjuntivo.

1. encontrar
2. vayamos
3. busque
4. ayude
5. tenga / esté

9-42 Otras preguntas personales.

Answers will vary.

9-43 ¿Qué pasa?

1. a
2. b
3. c
4. c
5. b

9-44 La conversación.

1. lugares   7. vuelo
2. parque   6. embarque
3. ventanilla   7. Nos quedamos
4. avión   8. volcán

9-45 La fauna.

Checked items: el caimán, el cocodrilo fluvial, el tucán, el águila, el pájaro

9-46 En la selva.

1. c   5. c
2. a   6. b
3. b   7. a
4. a   8. c

9-47 ¡A informarse!

1. C   5. F
2. C   6. C
3. C   7. C
4. F   8. F

9-48 Turismo en Colombia.

1. a   5. b
2. a   6. a
3. b   7. b
4. b   8. b

9-49 La cumbia.

1. C   4. F
2. C   5. C
3. F   6. F

9-50 Las fiestas colombianas.

Answers may vary. Possible answers:
1. Los españoles y los portugueses empezaron el carnaval en Colombia.
2. El festival más vistoso de Colombia es el carnaval de Barranquilla.
3. Corpus Cristi es una síntesis entre tradiciones indígenas y cristianas.
4. Las fiestas de Semana Santa más famosas de Colombia se celebran en Popayán y Mompox.
5. La independencia de Colombia se celebra el 20 de julio.

9-51 Las vacaciones y los viajes.

Answers will vary.

9-52 Tu destino.

Answers will vary.

Capítulo 10   ¡Tu salud es lo primero!

10-1 ¡Qué mal me siento!

1. b
2. a
3. b
4. b
5. c
6. c

10-2 Los síntomas.

1. b
2. b
3. a, b, c
4. c
5. a
6. c

10-3 Fuera de lugar.

1. b
2. a
3. d
4. c
5. d
6. d

10-4 El cuerpo.

1. el pie
2. la pierna
3. el oído
4. el pecho
5. la cara
6. el brazo
7. la garganta
8. la mano
9. el dedo
10. el corazón

10-5 ¿Qué me recomienda usted?

1. g
2. b
3. a
4. c
5. f
6. d
7. e

10-6 Están enfermos.

1. b
2. c
3. b
4. b
5. c
6. a

10-7 ¡A completar!

1. tomarse la temperatura
2. diagnóstico
3. radiografía
4. receta
5. dolor de cabeza
6. boca
7. los pulmones

10-8 La médica y la enfermera.

1. c
2. a
3. e
4. d
5. b

10-9 El profesor de medicina.

1. Tratemos
2. Hablemos
3. Vayamos
4. Estudiemos
5. Consultemos
6. recetemos
7. Visitemos
8. Pongámos

10-10 ¿Qué vamos a hacer?

1. Vayamos al consultorio.
2. Busquemos la radiografía.
3. Escribamos el diagnóstico.
4. Hagamos una cita enseguida.
5. Dejemos de fumar.
6. Pidamos el antibiótico.

10-11 Estamos enfermos.

1. Salgamos para el consultorio.
2. Levantémonos temprano para no llegar tarde a la cita.
3. No nos acostemos tarde.
4. Guardemos cama y durmamos toda la tarde.
5. Digamos qué nos duele.
6. Tomemos el antiácido.

10-12 En el hospital.

1. Sí, vamos a prepararnos.
2. Sí, vamos a estudiarlos.
3. Sí, vamos a escribirla.
4. Sí, vamos a leerlo.
5. Sí, vamos a recetarlo.

10-13 El médico en prácticas.

1. Sí, leámosla. / No, no la leamos.
2. Sí, recetémoslas. / No, no las recetemos.
3. Sí, pidámosela. / No, no se la pidamos.
4. Sí, pongámoselas. / No, no se las pongamos.
5. Sí, repitámoselo. / No, no se lo repitamos.
6. Sí, operémoslo. / No, no lo operemos.

10-14 ¡Que todo salga bien!

1. se haga
2. se tome
3. guarde
4. deje
5. haga

10-15 Situaciones médicas.

1. Que lo llame Eduardo.
2. Que la tome la enfermera.
3. Que la haga el médico.
4. Que las estudie la doctora Iglesias.
5. Que los pida el paciente.

10-16 ¡No quiero!

1. Que llame Manolo.
2. Que las compren ellos.
3. Que vaya Paco.
4. Que la haga Rosalía.
5. Que deje de fumar José Antonio.

10-17 Pequeños consejos.

Answers will vary.

10-18 ¿Cuáles son sus síntomas?

1. c   4. e
2. b   5. d
3. f   6. a

10-19 ¿Sabes usar los mandatos?

1. Operémoslo
2. Dejemos
3. Hagamos
4. Cuidémonos
5. Descansemos

10-20 ¿Sabes usar los mandatos indirectos?

1. se cuide
2. lea
3. haga
4. repase
5. escriba

10-21 Preguntas personales.

Answers will vary.

10-22 Mejora tu salud.

1. b   4. b
2. c   5. c
3. b   6. a

10-23 "Me duele la espalda..."

1. a, c   4. b, c
2. a, c   5. a, b
3. c   6. c

10-24 Los alimentos.

1. b
2. d
3. e
4. a
5. c

10-25 ¡A escoger!

1. b   5. a
2. c   6. b
3. c   7. a
4. b

10-26 Nuestra salud.

1. c
2. c
3. b
4. a
5. c
6. b

10-27 El menú.

Answers will vary.

10-28 Cuestionario.

Answers may vary. Possible answers:
1. Corro y hago ejercicios aeróbicos.
2. Quiero adelgazar.
3. Me pongo en forma haciendo ejercicio.
4. Levanto pesas.
5. Siempre como alimentos saludables y hago ejercicio.
6. Generalmente, como alimentos ricos en proteína.

10-29 The consonants "r" and "rr" in Spanish.

1. flap   5. trill
2. flap   6. trill
3. trill   7. flap
4. flap   8. flap

10-30 ¿Cuál es?

Flap: alegre, por eso, aspirina, Paraguay, sugerimos
Trill: reloj, marrón, terrible, Ramón, resfriado

10-31 En el gimnasio.

1. te cuides   5. haga
2. haya   6. vayamos
3. puedas   7. me mantenga
4. esté   8. estés

10-32 La salud de Luis.

1. se cuide   6. estar
2. suba   7. padecer
3. hace   8. adelgace
4. haga   9. se ponga
5. se mantenga   10. pueda

10-33 ¿Cómo se siente cuando...?

1. Nos molesta que Susana y Adela no dejen de fumar.
2. Me enoja que ellos compren muchas bebidas alcohólicas.
3. Sienten que yo esté enferma.
4. Esperamos que Alejandra no padezca de diabetes.
5. Me sorprende que Rafael no haga ejercicio.

10-34 Deseos.

1. ¡Ojalá no nos empiece a doler la garganta!
2. ¡Ojalá Ud. no tenga alergias a los productos lácteos!
3. ¡Ojalá yo pueda ir al gimnasio luego!
4. ¡Ojalá ellos se cuiden!
5. ¡Ojalá tú te pongas en forma!
6. Ojalá les guste la dieta.

10-35 ¿Cómo reaccionan?

1. Sienten que las clases de ejercicio sean tan caras.
2. Nos alegramos de que tú adelgaces tanto.
3. Estoy contento de que la dieta termine pronto.
4. Lamentan que el profesor padezca de diabetes.
5. Espero que tú tengas menos estrés.

10-36 Tu familia y tu salud.

Answers will vary.

10-37 ¿Qué esperas?

Answers will vary.

10-38 ¿Qué crees?

1. b
2. b
3. b
4. b
5. a

10-39 El estado ideal de salud.

1. coma
2. controle
3. adelgace
4. me cuide
5. vaya
6. levante
7. me mantenga
8. deje

10-40 ¿Dudamos mucho?

1. Tú no crees que ellos se mantengan en forma.
2. Ustedes dudan que María esté a dieta.
3. Papá sabe que los niños necesitan jarabe.
4. Tú estás seguro de que Felipe hace ejercicio.
5. Los médicos no dudan que los antiácidos ayudan con el dolor de estómago.
6. Nosotros creemos que él se cuida.
7. La paciente no piensa que el diagnóstico sea bueno.
8. Yo no niego que la doctora sabe cuáles son mis síntomas.

10-41 ¿Qué opinan?

1. No creo que comiences la dieta mañana.
2. Niegan que me sienta mejor.
3. No dudamos que suben de peso.
4. Dudas que salgamos para el gimnasio ahora.
5. Mario no piensa que llegues a tiempo para la cita.
6. Crees que el doctor generalmente opera por la mañana.

10-42 Una vida saludable.

1. Tal vez los doctores pidan más radiografías.
2. Quizás Samuel tenga fiebre.
3. Tal vez el médico recete el antibiótico.
4. Quizás ellos conozcan a la doctora Carrión.
5. Quizás comencemos a sentirnos mejor.

10-43 Unas opinions.

1. No estoy segura de que el estrés tenga solución.
2. Niego que ponerse en forma sea difícil.
3. No creo que él consiga adelgazar.
4. Dudo que ustedes se mantengan en forma.
5. No pienso que el médico sepa mucho.
6. Niego que los atletas estén a dieta.
7. No estoy segura de que Esteban y Rocío guarden la línea.
8. No creo que Ramiro haga ejercicio.

10-44 Tu opinión.

Answers will vary.

10-45 Más subjuntivo.

1. b
2. a
3. a
4. b
5. b

10-46 ¿Sabes usar el presente de subjuntivo?

1. esté
2. guarde
3. tome
4. siga
5. se mejore
6. podamos

10-47 "Doctor, ¿qué puedo hacer?"

1. Dudo que necesites una inyección.
2. Pienso que debe hacer ejercicio.
3. Espero que vuelvas en dos semanas.
4. Me alegro de que se sientan mejor.
5. Me molesta que no te mantengas en forma.

10-48 Otras preguntas personales.

Answers will vary.

10-49 ¿Qué pasa?

1. b
2. a
3. c
4. b
5. a

10-50 La conversación.

1. jugo
2. adelgazar
3. línea
4. Padezco
5. diabetes
6. jogging
7. fiebre
8. descansar

10-51 ¿Cómo se mejora?

Checked items: toma aspirina; toma jarabe; toma jugo; quiere agua; quiere descansar; quiere tomar la sopa.

10-52 La lista.

En el mercado: zanahorias, naranjas y pollo.
En la farmacia: aspirinas y pastillas para la tos.

10-53 La acción y los personajes.

1. C
2. C
3. F
4. F
5. C
6. F
7. F
8. C

10-54 ¡A informarse!

1. c
2. c
3. b
4. a
5. b
6. b
7. a
8. b

10-55 De viaje por el Paraguay.

1. F
2. C
3. F
4. C
5. C
6. F

10-56 El ritmo *taquirari*.

1. taquirari
2. Bolivia
3. indígenas y españolas
4. baila
5. vestidos de colores brillantes

10-57 La leyenda de la coca.

1. c
2. b
3. c
4. a
5. b
6. b

10-58 Nuestra salud este mes.

Answers will vary.

10-59 Tu resumen.

Answers will vary.

Capítulo 11 ¿Para qué profesión te preparas?

11-1 Los trabajadores.

1. a
2. b
3. a
4. b
5. b
6. a

11-2 Una entrevista.

1. c
2. b
3. b
4. b, c
5. a
6. b
7. a
8. a

11-3 Los oficios y los cargos.

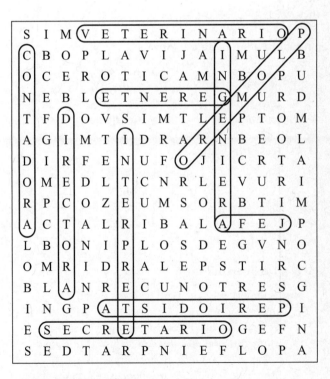

11-4 Diferentes oficios.

1. c
2. d
3. a
4. e
5. f
6. b

11-5 Palabras relacionadas.

1. e
2. a
3. b
4. d
5. f
6. c

11-6 ¿A qué profesión corresponde?

1. b
2. a
3. c
4. a
5. a
6. c
7. b
8. c

11-7 ¡A completar!

1. arquitecta
2. contador
3. carpintero
4. intérprete
5. entrenamiento
6. horario de trabajo
7. meta
8. veterinaria

11-8 Los profesionales.

1. a
2. a
3. b
4. a
5. c
6. a
7. a
8. c

11-9 ¿Cierto o incierto?

Cierto: 2, 3, 5, 6
Incierto: 1, 4

11-10 El/La jefe/a de personal.

1. hablemos
2. mires
3. consigan
4. sepamos
5. conozca
6. sean
7. dé
8. trabajemos

11-11 Tres empleados.

1. quiere
2. es
3. digas
4. seas
5. eres
6. quieres
7. hables
8. nos veamos
9. tenemos

11-12 ¿Un buen puesto?

1. Es importante que usted no coma durante la entrevista.
2. Es necesario que ustedes tengan metas claras.
3. Es urgente que nosotros cambiemos el horario de trabajo.
4. Es indispensable que haya buenas relaciones entre los empleados y los directores.
5. Es una lástima que los empleados estén sin trabajo.

11-13 Responsabilidades del empleado.

1. Es bueno que pidan los puestos.
2. Es imposible que apaguen todos los fuegos.
3. Es necesario que leamos las evaluaciones.
4. Es dudoso que escriba la carta.
5. Es imposible que diseñe la casa ahora.
6. Es mejor que hable de mi formación.

11-14 Combinación.

Answers will vary.

11-15 Entrevista.

Answers will vary.

11-16 Las profesiones.

1. L
2. L
3. I
4. L
5. L
6. I
7. L
8. L

11-17 A describir.

1. d
2. a
3. e
4. b
5. c

11-18 ¿Sabes usar el subjuntivo con expresiones impersonales?

1. sea
2. haya
3. tengas
4. ofrezca
5. estén
6. trabajen

11-19 Preguntas personales.

Answers will vary.

11-20 En busca de empleo.

1. b
2. a
3. c
4. a
5. b
6. b

11-21 Un nuevo trabajo.

1. a, c
2. c
3. a, b
4. c
5. b, c
6. a

11-22 Relaciones lógicas.

1. b
2. d
3. a
4. c
5. f
6. e

11-23 La mejor respuesta.

1. b
2. b
3. c
4. b
5. c
6. c

11-24 La carta de presentación.

1. Estimada
2. presentación
3. vacante
4. currículum vitae
5. capaz
6. formulario
7. entrevista
8. Le saluda atentamente

11-25 Una posibilidad de empleo.

1. La gerente se llama Sra. Jimena Galtieri de Posada.
2. La empresa se llama Centro de Cómputo, S.A.
3. La vacante es para analista programadora.
4. Isabel adjunta su currículum vitae.
5. Isabel es una persona entusiasta, responsable y trabajadora.

11-26 ¿Cómo se escribe?

1. v
2. b
3. v
4. v
5. b
6. v
7. v
8. v
9. b
10. b

11-27 ¿Cuál es?

	hard bilabial	soft bilabial
1. verdad	X	
2. boda	X	
3. el viernes		X
4. es bonita		X
5. estoy bien		X
6. es evidente		X
7. también	X	
8. tambor	X	
9. un beso	X	
10. una visita		X

11-28 Las profesiones y los mandatos.

1. c
2. b
3. e
4. d
5. a

11-29 Tu jefe.

1. Siga
2. Llegue
3. salga
4. Empiece
5. Lea
6. Rellene
7. ponga
8. pida

11-30 Rosalía y Felipe.

1. trabajen; pidan
2. Hablen; conversen
3. Tengan; vivan
4. Recuerden; olviden
5. estén; jubílense

11-31 Recomendaciones para una entrevista.

1. llame
2. lleve
3. déle
4. muéstrele
5. rellene
6. pregunte

11-32 ¡Bienvenida a nuestra empresa!

1. Llegue temprano.
2. Sea simpático con el director.
3. Vaya a la oficina de la secretaria para hablar de un plan de retiro.
4. Haga todo el trabajo a tiempo.
5. Rellene los papeles correctamente.
6. Siga el horario indicado en el calendario.

11-33 Las entrevistas.

1. Levántense a las siete.
2. Vístanse muy bien.
3. Hagan muchas preguntas.
4. Pregunten al final de la entrevista.
5. Díganles "muchas gracias".

11-34 Mi primer día de trabajo.

1. No, comience con estos expedientes.
2. Sí, búsquelos.
3. No, venga a las ocho.
4. Sí, pídalas.
5. No, póngalas en el despacho del director.
6. Sí, almuerce con nosotros.
7. Sí, léala.
8. No, salga a las cinco.

11-35 Expectativas en el trabajo.

1. conseguir
2. me sienta
3. contraten
4. esté
5. llame
6. pida
7. trabaje
8. ascender

11-36 ¿Cierto o incierto?

1. I
2. C
3. I
4. I
5. I
6. C

11-37 Mis ideales.

1. soy
2. quiero
3. pueda
4. llamen
5. haya
6. contraten
7. tener
8. ofrezca

11-38 ¡Siempre hay condiciones!

1. Catalina va a aceptar el trabajo a menos que la compañía pague muy poco.
2. Reciben los aumentos porque trabajan muy bien.
3. Trabajas durante la tarde para poder estudiar por la mañana.
4. Vamos a salir del trabajo tan pronto como terminemos las cartas.
5. Francisca y yo vamos a hablar cuando la reunión empiece.
6. Vas a ver si hay vacantes antes de rellenar la solicitud.

11-39 La rutina del trabajo.

1. Normalmente, él llega a la oficina cuando son las ocho de la mañana.
2. Hoy, él va a hablar con el gerente tan pronto como llegue a la oficina.
3. Él va a firmar los cheques antes de ir al banco.
4. Él entrevista a los aspirantes para que la empresa tenga los mejores empleados.
5. No va a contratar a nadie a menos que un empleado deje el empleo.
6. Miguel va a ascender en cuanto la supervisora se jubile.
7. Él va a trabajar hasta que tenga sesenta y cinco años.
8. Miguel va a estar contento en la empresa, con tal de que le aumenten el sueldo cada año.

11-40 ¿Cuándo?

1. Los van a apagar cuando lleguen.
2. Lo repara cuando tiene problemas.
3. La voy a despedir antes de que ella salga.
4. Lo llevo al veterinario cuando está enfermo.
5. No lo debes dejar sin que encuentres otro trabajo.
6. Van a estar sin trabajo en cuanto empiece el año fiscal.

11-41 Tu futuro trabajo.

Answers will vary.

11-42 ¿Sabes usar los mandatos formales?

1. lleguen
2. hable
3. sea
4. asistan
5. rellene
6. pídanles

11-43 ¿Sabes usar el subjuntivo con conjunciones adverbiales?

1. trabaja
2. gusta
3. esté
4. dé
5. deje
6. contratar

11-44 Puestos y beneficios.

NOMBRE	TRABAJA A COMISIÓN	SUELDO FIJO	PLAN DE RETIRO	SEGURO MÉDICO	BONIFICACIÓN ANUAL
ESTEBAN	✓			✓	
LEONARDO		✓		✓	
CARLOS		✓	✓	✓	✓
SUSANA		✓	✓	✓	✓

11-45 Otras preguntas personales.

Answers will vary.

11-46 ¿Qué pasa?

1. b
2. c
3. b
4. a
5. c

11-47 La conversación.

1. ayudarlos
2. coordinador
3. traiga
4. empleados
5. enseñe
6. supervisión
7. indispensable
8. selva

11-48 ¿Un nuevo trabajo?

Checked items: bonificación anual; horario de trabajo; plan de retiro; salario; seguro médico; supervisión

11-49 La entrevista.

1. b
2. a
3. c
4. a
5. b

11-50 ¡A informarse!

1. C
2. F
3. C
4. F
5. C
6. C
7. C
8. F

11-51 ¿Quiénes son?

1. f
2. e
3. a
4. b
5. d
6. c

11-52 La nueva canción latinoamericana.

1. F
2. C
3. F
4. C
5. F

11-53 El autor y sus obras.

Answers will vary.

11-54 Las carreras.

Answers will vary.

11-55 La agencia.

Answers will vary.

11-56 Entrevistas con tus compañeros.

Answers will vary.

Capítulo 12   El futuro es tuyo

12-1 El impacto de la tecnología.

1. C
2. C
3. C
4. F
5. C
6. F
7. F
8. F

12-2 ¿Por qué lo necesitas?

1. c
2. b
3. a
4. c
5. b, c
6. b

12-3 Palabras relacionadas.

1. c
2. a
3. d
4. e
5. b

12-4 Escoge la tecnología.

1. b
2. a
3. c
4. b
5. a

12-5 *HP photosmart 230.*

1. c
2. a
3. b
4. c
5. c

12-6 ¡A completar!

1. cajero automático
2. contestador automático; grabar
3. página web
4. teléfono inalámbrico
5. encender; apagar
6. correo electrónico

12-7 Preguntas tecnológicas.

Answers will vary.

12-8 ¡Hecho!

1. rota
2. abierto
3. hecho
4. escritos
5. puesto
6. instalado
7. enviado
8. programada

12-9 Sí, está hecho.

1. instalados
2. programado
3. encendidos
4. puesto
5. archivadas
6. hechas

12-10 Hay muchas cosas que hacer.

1. Nosotros hemos archivado los documentos en el disquete.
2. Fernando ha programado la computadora.
3. Yo he borrado las archivos del disco duro.
4. Felipe ha imprimido las documentos.
5. Mis amigos han ido al despacho.
6. Yo he escuchado los mensajes del contestador automático.
7. ¿Tú has encendido la impresora?
8. Nosotros hemos comprado el teléfono móvil.

12-11 ¿Qué han hecho?

1. Camila ha programado el teléfono móvil.
2. Josefina y Margarita han ido a la tienda de computadoras.
3. Nosotros hemos archivado los documentos.
4. Tú has comprado un ratón inalámbrico.
5. Yo he apagado el escáner.
6. Ustedes han imprimido la foto.

12-12 ¿Qué han hecho estas personas?

1. Sí, la he fotocopiado.
2. Sí, la hemos instalado.
3. Sí, las ha calculado.
4. Sí, los he archivado.
5. Sí, lo hemos grabado.

12-13 En la empresa.

1. Se lo he dado. Ya está dado.
2. Lo he guardado. Ya está guardado.
3. Se lo he instalado. Ya está instalado.
4. Te lo he pedido. Ya está pedido.
5. Se la he hecho. Ya está hecha.

12-14 ¿Cómo lo hemos hecho?

1. Yo le he dicho mi nombre personalmente.
2. Tú has escrito el programa correctamente.
3. Sus clientes han vuelto finalmente.
4. Paco y Raúl han visto la hoja electrónica claramente.
5. Ustedes han puesto la información en el disquete rápidamente.
6. Pablo y yo hemos hecho el trabajo alegremente.

12-15 No está hecho todavía.

1. No, no está comprada todavía.
2. No, no está impresa todavía.
3. No, no está apagado todavía.
4. No, no están cubiertos todavía.
5. No, no están instalados todavía.

12-16 ¿Indicativo o subjuntivo?

1. b
2. a
3. b
4. b
5. a
6. a
7. b
8. b

12-17 La jefa incrédula (incredulous).

1. hayas contestado
2. hayas hecho
3. haya archivado
4. haya instalado
5. hayan arreglado
6. hayan apagado

12-18 ¿Funciona la tecnología?

1. Esperamos que hayan reparado la antena parabólica.
2. Dudo que hayas leído la hoja electrónica.
3. No creo que haya ido al cajero automático.
4. Es posible que hayamos roto el ratón.
5. Ojalá hayan puesto un escáner en su despacho.
6. Es una lástima que haya borrado el correo electrónico.

12-19 El accidente.

Answers will vary.

12-20 Es posible que haya pasado.

1. Tal vez haya llovido.
2. No es verdad que hayan puesto la información en el disquete.
3. No creen que hayamos visto el teclado.
4. Me sorprende que hayan estado hablando por teléfono.
5. Es imposible que haya roto el juego electrónico.
6. Sí, nuestros hijos están contentos de que hayamos comprado una pantalla más grande.

12-21 En la oficina.

1. escribirá
2. pondrán
3. dirá
4. usaré
5. buscarán
6. se comunicará
7. veremos
8. prepararemos

12-22 Mi amiga y yo.

1. asistiremos
2. tomará
3. tomaré
4. aprenderá
5. aprenderé
6. irán
7. tendré
8. Nos divertiremos

12-23 ¿Cuándo esperan hacer el trabajo?

1. Tú lo buscarás mañana.
2. La grabaremos esta noche.
3. Los verán esta tarde.
4. Las encenderán mañana por la mañana.
5. Usted la llamará en una hora.

12-24 En el futuro...

1. ¿Querrán ir?
2. ¿Vendrán esta noche?
3. ¿Tendrás que comprar más memoria?
4. ¿Sabremos usar el escáner?
5. ¿Podré recogerlo mañana?
6. ¿Hará unos diseños originales?
7. ¿Le dirán la información por teléfono?
8. ¿Dónde pondrá el escáner?

12-25 El jefe no sabe.

1. No sé, los hará la programadora.
2. No sé, los llamará la secretaria.
3. No sé, almorzarán a la una.
4. No sé, los imprimirá el asistente.
5. No sé, las encenderá el supervisor.
6. No sé, saldrán a las cinco.

12-26 ¿Qué pasará?

1. Serán las cuatro y media.
2. Tendrá veinte años.
3. Costará ocho euros.
4. Vendrán treinta personas.
5. No querrán ninguna computadora.
6. Saldremos a las nueve y cuarto.

12-27 ¿Sabes usar el presente perfecto?

1. haya terminado
2. Has visto
3. hayamos hecho
4. ha tomado
5. hayan escrito; han hecho

12-28 ¿Sabes usar el futuro?

1. irán
2. reservarán
3. visitarán
4. estaré
5. asistiré
6. cenaremos

12-29 Haremos lo que no hemos hecho.

1. No, no los he visto, pero los borraré pronto.
2. No, no las hemos terminado, pero las fotocopiaremos pronto.
3. No, he estado en el Perú, pero lo instalaré pronto.
4. No, han tenido problemas con la impresora, pero la encenderán pronto.
5. No, no los he recibido, pero los archivaré pronto.

12-30 Preguntas personales.

Answers will vary.

12-31 Hablan los jóvenes.

1. C
2. F
3. F
4. C
5. C
6. F
7. C
8. C

12-32 El programa "Tiempo nuevo".

1. b
2. a
3. b
4. b
5. b
6. a, c

12-33 ¡A emparejar!

1. e
2. d
3. b
4. c
5. a

12-34 ¿Cuál es la mejor respuesta?

1. b
2. a
3. c
4. b
5. a

12-35 Un crucigrama.

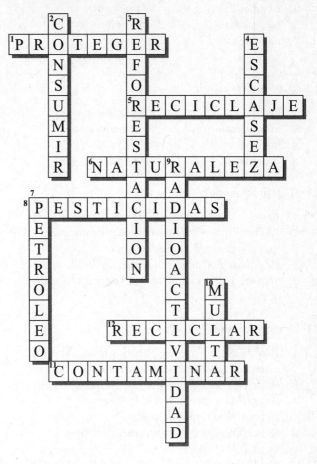

12-36 Cuestionario.

Answers will vary.

12-37 La "t" en español.

1. a
2. a
3. b
4. a
5. b

12-38 La "d" en español.

	Hard "d"	Soft "d"
1. andando	X	
2. buenos días		X
3. con usted		X
4. dentro	X	
5. nadar		X
6. después	X	
7. estudiantil		X
8. grande	X	
9. dormir	X	
10. idea		X

12-39 Las promesas del gobierno.

1. estudiaría
2. controlaría
3. habría
4. multaría
5. protegería
6. establecería
7. plantaría
8. administraría

12-40 En la television.

1. haría
2. informaría
3. hablaría
4. explicaría
5. buscaría
6. Promocionaría
7. sugeriría
8. deberían

12-41 ¿Qué pasaría?

1. Juan me dijo que iría a la fábrica.
2. Tú dijiste que escribirías una carta de protesta.
3. Ana dijo que conservaría energía.
4. Mi esposo y yo dijimos que haríamos todo lo posible.
5. Fernando nos dijo que tú saldrías para la planta nuclear.

12-42 Para un mundo mejor.

1. Yo reciclaría envases de plástico y aluminio.
2. Ustedes estudiarían la lluvia ácida.
3. Mis amigos estarían dispuestos a ayudar.
4. Nosotros consumiríamos menos energía.
5. Tú podrías echar los pesticidas.
6. Mi ciudad tendría menos contaminación.

12-43 ¿Qué harían?

1. Vendría a las ocho.
2. Los empleados de la fábrica los arrojarían en el lago.
3. Tendrían programas de reciclaje.
4. Los pondrían en un lugar de reciclaje.
5. Habría muchas protestas.

12-44 ¿Qué pasó?

1. No sabría la hora.
2. Tendría problemas con su coche.
3. Iría a otra entrevista.
4. Perdería la dirección.
5. No entendería a la secretaria.

12-45 Tu programa medioambiental.

Answers will vary.

12-46 Mandatos para tu hermano.

1. Recicla
2. Protege
3. Pon
4. Compra
5. arrojes
6. Pídeles
7. manejes
8. cortes
9. Haz
10. Sé

12-47 Un amigo consciente.

Answers may vary. Possible answers:
1. Recíclalos.
2. No la arrojes.
3. Sí, protégelos.
4. No, no los consumas.
5. Sí, consérvala.

12-48 ¿Qué hago?

1. Sí, ve a ver las flores.
2. No, no uses pesticidas para la fruta.
3. Sí, protege la naturaleza.
4. Sí, compara los precios.
5. No, no pagues ahora porque tenemos un plan de crédito.

12-49 Consejos para tu mejor amigo.

1. No los arrojes.
2. No lo produzcas.
3. Obsérvala.
4. Impleméntalas.
5. No lo uses.
6. Hazlas.
7. Consérvala.
8. Ponla.

12-50 ¡Tú mandas!

Answers will vary.

12-51 ¿Sabes usar el condicional?

1. reduciría
2. pondría
3. controlaría
4. plantaría
5. educaría
6. combatiría
7. sería

12-52 ¿Sabes usar los mandatos informales?

1. Escribe
2. Escucha
3. juegues
4. llames
5. Usa
6. te vayas

12-53 El año próximo.

1. A Paola le gustaría estudiar sobre el medio ambiente también.
2. Nosotros podríamos reciclar mucho también.
3. Tú tendrías que ver la planta nuclear también.
4. Ustedes consumirían menos energía también.
5. Yo sabría cómo usar menos petróleo también.

12-54 Preguntas personales.

Answers will vary.

12-55 ¿Qué pasa?

1. b
2. c
3. b
4. b
5. a

12-56 La conversación.

1. correo electrónico
2. enlaces
3. sitios
4. tardado
5. cíber
6. datos
7. entrevista

12-57 ¿Quién fue?

1. F	5. F
2. M	6. S
3. M	7. F
4. S	8. M

12-58 El cíber viaje de Felipe.

1. c	4. b
2. a	5. a
3. a	6. a

12-59 ¡A informarse!

1. C	5. C
2. F	6. F
3. C	7. C
4. F	8. C

12-60 Los hispanos en los Estados Unidos.

1. c	4. a
2. c	5. a
3. b	6. b

12-61 Millo Torres y El Tercer Planeta.

Answers may vary. Possible answers:

1. Millo Torres tomó clases de piano, guitarra y trompeta a los seis años.
2. Millo Torres estudió el bachillerato de música en el Colegio de Música de Berklee en Boston, Massachusetts.
3. La música de Millo Torres fusiona ritmos reggae, rock, ska y afrocaribeños.
4. La primera producción de Millo Torres y El Tercer Planeta se llama *Soñando realidad*.
5. El compacto *Caminando* habla de temas sociales, ecológicos y románticos.
6. En 1999, Millo Torres y El Tercer Planeta realizaron su primera gira promocional.

12-62 Sandra Cisneros.

Answers will vary.

12-63 Las costumbres medioambientales.

Answers will vary.

12-64 Ahora...

Answers will vary.

Capítulo 13 ¿Oíste las noticias?

13-1 ¿Recuerdas?

1. F	4. F
2. F	5. C
3. C	6. C

13-2 El periódico de la mañana.

1. a	4. b, c
2. c	5. a, c
3. b, c	6. a, c

13-3 Los medios de comunicación.

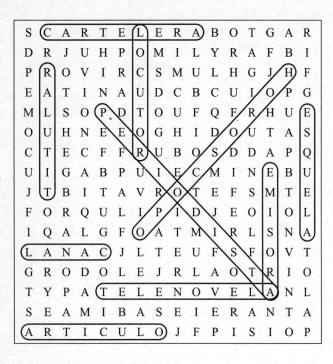

13-4 Las secciones del periódico.

1. g	5. b
2. h	6. a
3. d	7. f
4. e	8. c

13-5 ¡A escoger!

1. b	4. a
2. b	5. a
3. a	6. b

13-6 Mucha información.

Answers will vary.

13-7 ¿Qué quieres hacer esta noche?

1. El noticiero Univisión se presenta a las seis y media en el Canal 23.
2. La telenovela de las siete de la tarde del Canal 51 se llama "Manuela".
3. Lo transmite la estación de radio WTMI-FM (93.1).
4. El programa del mediodía en la estación de radio WWFE-AM se llama "La mogolla".
5. Los protagonistas son Rafael Inclán y Rebeca Silva.
6. El locutor es Alberto González.

13-8 Escogemos.

1. a	5. b
2. b	6. a
3. b	7. a
4. a	8. a

13-9 Recomendaciones.

1. leyera; escribiera; informara; revisara
2. fuera; vieran; transmitiera; interrumpiera
3. explicaran; tuvieran; estuvieran; hiciera

13-10 ¡A completar!

1. transmitiera
2. oyeran
3. escucharan
4. estén
5. aparecieran
6. analicemos
7. consiguiera

13-11 ¿Qué quería la prensa?

1. quería que yo expresara mi opinión.
2. quería que tú resolvieras el problema.
3. quería que los reporteros fueran exactos.
4. quería que nosotros leyéramos la crónica.

13-12 La estación de radio.

1. Dudaban que la comentarista saliera del edificio.
2. Era necesario que le informaras al público.
3. Era bueno que patrocináramos el programa de radio.
4. Era importante que los reporteros dijeran la verdad.

13-13 Durante el noticiero.

1. Era necesario que tú escucharas al meteorólogo.
2. Prohibían que nosotros revisáramos las notas.
3. Dudábamos que tú pudieras solucionar el problema.
4. Esperaba que los editores pusieran más noticias en la primera plana.
5. Querían que el programa comenzara a tiempo.

13-14 El futurólogo.

Answers may vary. Possible answers:
1. El futurólogo les recomendó que no tuvieran prisa.
2. El futurólogo les dijo que trataran de cumplir sus compromisos.
3. El futurólogo les advirtió que miraran hacia adelante y que recorrieran un nuevo camino.
4. El futurólogo les sugirió que respetaran las horas de descanso.
5. El futurólogo les pidió que se hicieran respetar sus derechos y que no se dejaran pisotear por los demás.

13-15 ¿Dónde está(n)?

1. Las tuyas
2. Las mías
3. El suyo
4. Los nuestros
5. Las mías
6. El suyo
7. La suya
8. Las suyas

13-16 A cada cual lo suyo.

1. La pizza suya
2. El apartamento tuyo/mío
3. Los perros suyos
4. El coche suyo
5. Las vacaciones suyas

13-17 ¿De quién es?

1. No, no es mía, es suya.
2. No, no son tuyas/suyas, son nuestras.
3. No, no son nuestros, son suyos.
4. No, no es tuyo/suyo, es mío.
5. No, no es suyo, es tuyo.
6. No, no son suyos, son míos.
7. No, no son tuyas/suyas, son mías.
8. No, no es mío, es suyo.

13-18 ¿Cómo se divide el periódico?

1. La primera plana es nuestra.
2. Las tiras cómicas son tuyas.
3. Los anuncios son suyos.
4. El horóscopo es mío.
5. La sección deportiva es tuya.
6. La cartelera es mía.
7. El consultorio sentimental es nuestro.
8. La esquela es suya.

13-19 ¿Sabes usar el imperfecto de subjuntivo?

1. hablara
2. cambiara
3. escribiera
4. supiera
5. dijera
6. publicaran

13-20 ¿Sabes usar los pronombres y los adjetivos posesivos?

1. El mío
2. El mío
3. el mío
4. Los míos
5. los tuyos

13-21 En la oficina de los reporteros.

1. El bolígrafo es suyo.
2. Los periódicos son míos.
3. La computadora es suya.
4. La invitación es nuestra.
5. Las tarjetas de embarque son tuyas.
6. El pasaporte es suyo.
7. La maleta es suya.
8. Las chaquetas son mías.

13-22 Preguntas personales.

Answers will vary.

13-23 Jorge Ramos.

1. C	5. F
2. C	6. C
3. F	7. F
4. C	8. F

13-24 ¿Te gustó la película?

1. a	4. b
2. b	5. c
3. c	6. c

13-25 ¡A relacionar!

1. a
2. b
3. d
4. e
5. c

13-26 ¿Qué es eso?

1. b	4. c
2. a	5. b
3. a	6. c

13-27 El cine, el teatro y la televisión.

1. filmar	4. comedia
2. galán	5. guión
3. final	6. protagonista

13-28 Preguntas personales.

Answers will vary.

13-29 "Y" o "ll"?

1. y	4. ll
2. ll	5. ll
3. y	6. ll

13-30 The Spanish "l."

1. b
2. a
3. a
4. b
5. a

13-31 Si...

1. tuviera	5. iría
2. soy	6. quisieras
3. pudiera	7. tienen
4. tendré / tengo	8. filmarían

13-32 Emparejamientos.

1. d
2. e
3. h
4. c
5. a
6. g
7. f
8. b

13-33 ¿Cómo sería diferente?

1. Si el galán fuera malo, a nadie le gustaría la película.
2. Si el programa empezara a tiempo, tendrían menos problemas.
3. Si los guiones estuvieran en español, serían más fáciles de entender.
4. Si la primera actriz actuara mejor, podríamos entender su acento.
5. Si quisiéramos ver una comedia, iríamos a ver esta película.

13-34 ¡Éxito en las artes!

1. Si los actores trabajaran mucho, ganarían un salario mejor.
2. Si el guión fuera bueno, la película saldría bien.
3. Si la película terminara bien, los espectadores querrían verla otra vez.
4. Si la primera actriz viniera a ver la película, habría mucho público.

13-35 Tus opiniones.

Answers will vary.

13-36 Las órdenes del director.

1. Habrán aprendido; habremos estudiado
2. Habrán filmado; habremos tenido
3. Habrá escrito; habré hecho
4. Habrán instalado; habrán terminado
5. Habrá podido; habrá recogido

13-37 ¡Una película horrible!

1. habría contratado
2. habría grabado
3. habría sido
4. habríamos actuado
5. habríamos tenido
6. habría trabajado
7. habría conseguido
8. habríamos ganado

13-38 ¿Qué habrá pasado en la telenovela?

1. ¿Adriana habrá sabido la verdad?
2. ¿Carina habrá puesto la evidencia en el auto de Ramón?
3. ¿Débora y Jaime se habrán casado?
4. ¿Todos habrán estado contentos?
5. ¿Beatriz le habrá dado a Patricio la información confidencial?
6. ¿Diego habrá vuelto de Buenos Aires?
7. ¿Rosaura se habrá muerto?
8. ¿Carmen y Rosario habrán creído las excusas de sus hijas?

13-39 Una visita al futurólogo.

1. Sí, habrás obtenido un título universitario.
2. No, no habremos elegido un buen presidente.
3. Sí, habrás conseguido un buen puesto.
4. No, no habrás comprado una casa bonita.
5. Sí, habrás escrito una novela.
6. Sí, habrán descubierto la cura para el cáncer.

13-40 Regreso al pasado.

Answers will vary.

13-41 Tus expectativas.

Answers will vary.

13-42 ¿Sabes completar las cláusulas con *si*?

1. b
2. a
3. c
4. b
5. a

13-43 ¿Sabes usar el futuro perfecto y el condicional perfecto?

1. habría ido
2. habremos visto
3. habrá tenido
4. habrían sido
5. habría estudiado
6. habrá conseguido

13-44 Si yo fuera directora...

1. Mi familia y yo viviríamos en Hollywood.
2. Mis productores me darían mucho dinero.
3. Yo filmaría solamente en lugares exóticos.
4. Tú comerías conmigo en restaurantes famosos.
5. Yo trataría de ayudar a la gente.

13-45 ¡El señor dudoso!

1. Dudo que el televisor esté encendido. Si estuviera encendido, no habría tanto silencio.
2. Dudo que representen la realidad. Si representaran la verdad no habría tantas películas de fantasía.
3. Dudo que paguen poco. Si pagaran poco, veríamos más anuncios en la televisión.
4. Dudo que actúen bien. Si actuaran bien, habría menos galanes.
5. Dudo que vaya a estudiar actuación. Si estudiara actuación, sería difícil conseguir un trabajo con sueldo fijo.

13-46 ¿Qué pasa?

1. a
2. c
3. a
4. b
5. c

13-47 La conversación.

1. habré
2. estarás
3. volveré
4. cine
5. teatro
6. obra
7. alternativo
8. mujer
9. artes
10. acción

13-48 En el café.

1. e   5. h
2. d   6. a
3. c   7. f
4. g   8. b

13-49 La acción y los personajes.

1. C   5. C
2. F   6. C
3. F   7. C
4. C   8. C

13-50 ¡A informarse!

1. C   6. C
2. F   7. C
3. F   8. C
4. C   9. F
5. F   10. F

13-51 Las otras comunidades autónomas.

1. g   5. h
2. c   6. d
3. a   7. f
4. e   8. b

13-52 Más rock en español.

1. a   4. e
2. f   5. c
3. d   6. b

13-53 Paloma Pedrero.

1. C   4. F
2. F   5. C
3. C   6. C

13-54 Los directores españoles.

Answers will vary.

13-55 Una lista.

Answers will vary.

13-56 Si yo fuera el/la director/a...

Answers will vary.

Capítulo 14   ¡Seamos cultos!

14-1 ¿Recuerdas?

1. C   6. F
2. F   7. F
3. C   8. C
4. F   9. F
5. C   10. C

14-2 ¡A la ópera!

1. a   4. b, c
2. a   5. c
3. a   6. a

14-3 Los instrumentos musicales.

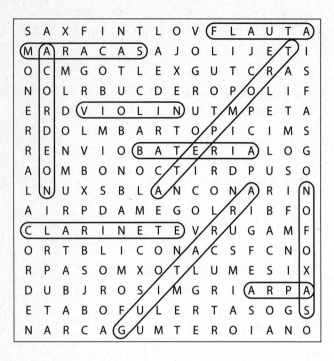

14-4 Emparejamientos.

1. d
2. c
3. e
4. a
5. f
6. b

14-5 ¡Fuera de lugar!

1. c
2. b
3. a
4. b
5. b
6. c

14-6 ¿Qué es eso?

1. c
2. a
3. b
4. b
5. c
6. b

14-7 ¡A completar!

1. repertorio
2. gira
3. audición
4. ensayar
5. músicos
6. ópera

14-8 Tu experiencia musical.

Answers will vary.

14-9 Hace tanto tiempo...

1. b
2. a
3. a
4. a
5. b
6. a
7. a
8. b

14-10 ¿Habrá espectáculo, o no?

1. Hace dos meses que componemos la música.
2. Hace una semana que la directora está enferma.
3. Hace tres horas que el músico improvisa.
4. Hace treinta minutos que la sinfonía toca.
5. Hace cuatro días que no toco una pieza.

14-11 El tiempo vuela.

1. Hace un día que la orquesta ensayó.
2. Hace una hora que comenzó la ópera.
3. Hace cinco horas que la diva cantó.
4. Hace un mes que terminó la audición.
5. Hace tres días que el compositor compuso la pieza musical.
6. Hace un año que tocó la banda.
7. Hace cuatro días que se representó la comedia musical.
8. Hace media hora que el músico trajo la guitarra.

14-12 Hace cuánto tiempo que...

1. Hace tres años que mis padres viajaron a España.
2. Hace una hora que me cepillé los dientes.
3. Hace quince días que fui al cine.
4. Hace diez minutos que nos pusimos furiosos.
5. Hace seis horas que me levanté.

14-13 ¿Cuánto tiempo hace?

1. Hace un año que no voy a un concierto.
2. Hace un mes que no escucho una sinfonía.
3. Hace un día que busco boletos para la ópera.
4. Hace dos días que no veo una comedia musical.
5. Hace dos semanas que compongo esta pieza.
6. Hace cinco años que toco el piano.

14-14 Las obras de arte.

Answers may vary. Possible answers:

1. Hace sesenta y ocho años que Frida Kahlo pintó *Autorretrato con mono.*
2. Hace cuatro siglos que Miguel de Cervantes escribió *Don Quijote de La Mancha.*
3. Hace ciento veinticuatro años que Antoni Gaudí diseñó La Sagrada Familia.
4. Hace dieciocho siglos que la civilización maya construyó Tikal.
5. Hace dos años que Santiago Calatrava diseñó la Opera de Valencia.

14-15 Luciano Pavarotti.

1. a
2. b
3. a
4. b
5. a
6. b

14-16 Nunca antes.

1. había visitado
2. habíamos conocido
3. había visto
4. habían ensayado
5. se había puesto
6. había compuesto
7. se había enfermado
8. había abierto

14-17 Nunca lo habíamos hecho durante una gira.

1. Ellas nunca habían estado en este país.
2. Tú nunca habías comprado un clarinete.
3. Él nunca había recibido tantos aplausos.
4. Nosotras nunca habíamos hecho una comedia musical.
5. Yo nunca había cantado tanto.

14-18 Antes de la gira.

1. Había terminado los ejercicios.
2. Había escrito el artículo.
3. Habíamos estado en México.
4. Había cantado en Nueva York.
5. Habían ido a Barcelona.

14-19 ¿Qué pasó?

1. Cuando yo llegué al teatro, mis amigos ya se habían sentado.
2. Cuando el director regresó, la orquesta sinfónica ya había tocado.
3. Cuando Luis compró las entradas, Pedro ya las había conseguido.
4. Cuando nosotros volvimos, la comedia ya se había terminado.
5. Cuando tú trajiste la guitarra, el sexteto ya había tocado.
6. Cuando Ramón y tú llegaron al teatro, yo ya había hablado con Plácido.

14-20 ¿Sabes usar *hacer* con las expresiones temporales?

1. viven
2. veo
3. es
4. conoció
5. cantó

14-21 ¿Sabes usar el pluscuamperfecto de indicativo?

1. había interesado
2. habíamos escuchado
3. había cantado
4. había ganado
5. había debutado

14-22 El desfile de modas.

1. Nosotros ya habíamos escrito los nombres de los diseñadores.
2. Yo ya había saludado al modelo.
3. Los Ramírez ya habían contratado a la asistente que yo recomendé, pero ella quería un sueldo más alto.
4. Tú ya habías pedido un aumento.
5. Ustedes ya habían traído los vestidos.

14-23 Preguntas personales.

Answers will vary.

14-24 Carolina Herrera.

1. c
2. a
3. b
4. a
5. c
6. a
7. a
8. c

14-25 La alta costura.

1. a
2. c
3. b
4. a
5. a, b
6. a, c

14-26 ¡A emparejar!

1. d
2. b
3. a
4. e
5. c

14-27 ¿Qué es eso?

1. c
2. a
3. b
4. a
5. c

14-28 ¡A seleccionar!

1. modelo
2. diseñadora
3. tul
4. esmoquin
5. disfraz

14-29 Cuestionario.

Answers will vary.

14-30 ¿Tiene "ñ"?

1. b
2. b
3. a
4. a
5. b
6. a

14-31 ¿Cuál es?

	n	m
1. un niño	X	
2. un baño		X
3. un mapa		X
4. un postre		X
5. un asiento	X	
6. un bolso		X
7. un verano		X
8. un tono	X	

14-32 ¡A cambiar!

1. Era; hubiera tenido
2. creía; hubiera trabajado
3. Dudábamos; hubiera hecho
4. Esperabas; hubieran vendido
5. Sentía; hubieras conseguido
6. Esperaban; hubieras visto
7. Era; hubieran traído
8. Era; hubiera conocido

14-33 Cambios y más cambios.

1. hubiera habido; habría comprado
2. hubiera querido; habría invitado
3. hubiera faltado; habría ido
4. hubiera tenido; habría sido
5. hubiera sido; habría tenido
6. hubiera podido; habría hecho

14-34 Dos modelos preocupados.

1. ¡Ojalá hubiéramos visto a la modelo!
2. ¡Ojalá hubieran estado bien hechos!
3. ¡Ojalá no hubieras pedido un esmoquin de gabardina!
4. ¡Ojalá no hubieran llevado vestidos de terciopelo!
5. ¡Ojalá no hubieran usado poliéster!

14-35 Porque estábamos enfermos…

1. Yo habría tocado la trompeta en el concierto.
2. Tú habrías ido a visitar al diseñador.
3. Los modelos habrían controlado el horario de trabajo.
4. Nosotros habríamos escrito el nombre de la modelo.
5. Usted habría visto más del desfile de moda.

14-36 En la oficina de la orquesta.

1. Nosotros habríamos escrito las cartas de recomendación si hubiéramos tenido tiempo.
2. Yo no habría despedido al secretario si él hubiera hecho mejor trabajo.
3. Ellos habrían contratado a la modelo si ella hubiera querido trabajar más horas.
4. El modelo habría pedido un aumento si no hubiera temido perder su trabajo.
5. Ustedes habrían visto al galán si él hubiera ido al teatro.

14-37 ¿De quién hablamos?

1. Si Gabriel García Márquez no hubiera escrito *Cien años de soledad*, no habría ganado el Premio Nobel de Literatura.
2. Si Cristina Saralegui no hubiera tenido su programa en Univisión, no habría sido tan famosa.
3. Si Carlos Santana no hubiera tocado la guitarra tan bien, no habría ganado cuatro *Grammys*.
4. Si Alejandro Amenábar no hubiera filmado *Mar adentro,* no habría ganado el Óscar.
5. Si Felipe de Borbón no hubiera sido hijo de reyes, no habría sido príncipe.

14-38 Si yo hubiera sido…

Answers will vary.

14-39 ¿Sabes usar el pluscuamperfecto y el condicional perfecto?

1. a
2. c
3. b
4. a
5. c

14-40 ¿Sabes usar el pluscuamperfecto de subjuntivo con *ojalá*?

1. hubieran muerto
2. hubieran diseñado
3. hubieran sido
4. hubieran vendido
5. hubieran inventado

14-41 La ópera habría sido mejor…

1. Si el director hubiera llegado a tiempo, la orquesta habría ensayado mejor.
2. Si las solistas hubieran practicado más, habrían cantado mejor.
3. Si el público hubiera aplaudido mucho, los actores se habrían sentido fabulosos.
4. Si yo hubiera limpiado los instrumentos, la orquesta habría tocado mejor la música.
5. Si las entradas hubieran costado menos, habríamos ido al concierto.

14-42 ¿Qué habrían hecho?

Answers will vary.

14-43 ¿Qué pasa?

1. c
2. a
3. b
4. b
5. a

14-44 La conversación.

1. actriz
2. bailarina
3. cantante
4. violinista
5. toca
6. Orquesta
7. asiento
8. hubiera
9. habría
10. cuarteto

14-45 ¿Quién lo hará?

1. Silvia
2. Felipe
3. Felipe
4. Elvira

14-46 Felipe y su futuro.

1. b
2. a
3. a
4. c
5. a

14-47 ¡A informarse!

1. F   5. C
2. C   6. F
3. C   7. F
4. F   8. C

14-48 De visita a un museo latinoamericano.

1. c   4. c
2. b   5. a
3. a   6. b

14-49 El son montuno.

1. F
2. C
3. F
4. C
5. F

14-50 El microcuento.

Answers may vary. Possible answers:
1. La oveja negra era de un país lejano.
2. La oveja negra fue fusilada.
3. El rebaño le levantó una estatua en el parque.
4. Las ovejas negras fueron fusiladas para que las ovejas comunes pudieran practicar escultura.
5. El autor se burla de una situación común en muchos países; el reconocimiento de personas que fueron maltratados en la vida por los mismos que, una vez muertos, les hacen monumentos.

14-51 Otro cuento.

Answers will vary.

14-52 Tus ideas.

Answers will vary.

14-53 Tu obra literaria.

Answers will vary.

Capítulo 15   ¿Te gusta la política?

15-1 ¿Recuerdas?

1. C   4. C
2. F   5. F
3. C   6. C

15-2 Una entrevista con el presidente.

1. c   4. b
2. a   5. a
3. b   6. a, c

15-3 Hablando de política.

1. F   4. C
2. C   5. C
3. C   6. C

15-4 ¡A completar!

1. país en desarrollo   4. pobreza
2. pacifista   5. ejército
3. ciudadanos   6. desarme

15-5 La manifestación.

Answers may vary. Possible answers:
1. Los activistas promueven la paz y los derechos humanos.
2. Los activistas quieren abolir las armas.
3. Los activistas quieren fortalecer la democratización.
4. Creo que los activistas todavía no han logrado su objetivo, pero espero que lo logren algún día.

15-6 Preguntas personales.

Answers will vary.

15-7 ¡A practicar!

1. logre
2. quiera
3. promueva
4. fortalezca
5. violen
6. tenga

15-8 Situaciones.

1. son; sean
2. promueve; pueda
3. fortalezca; son
4. violan; logren
5. respeta; viole
6. quiere; ayuden
7. quiera; pueda
8. prefiere; firme

15-9 El nuevo general del ejército.

1. Buscamos un activista que pueda lograr nuestras metas.
2. Conozco a un ciudadano que promueve los derechos humanos.
3. Necesitan un programa de desarme que empiece pronto.
4. Tienen un ejército que fortalece su causa.
5. ¿Hay algún ciudadano que sea pacifista?
6. Queremos una resolución que no incluya violencia.

15-10 ¡Quiero ser activista!

1. Buscan un activista que les informe acerca de la opresión.
2. Buscan un ejército que proteja los ciudadanos.
3. Buscan un mapa que sea del Ecuador.
4. Buscan una resolución que quiera inspirar la paz.

15-11 Tus anuncios.

Answers may vary. Possible answers:
1. Se necesita un periodista que sea decisivo, que promueva el diálogo y que logre nuestros objetivos.
2. Se busca un comentarista que tenga contacto con los ciudadanos, que promueva nuestras ideas y que fortalezca nuestro mensaje.
3. Se solicita una secretaria que hable bien en público, que sea inteligente y que se lleve bien con los demás.
4. Se necesitan empleados que puedan vender anuncios, que crean en nuestro periódico y que quieran mejorar las ventas.
5. Se necesita un/a artista que pueda ilustrar bien y que tenga nuevas ideas.

15-12 Cuando era más joven.

1. Querían programas que abolieran la pobreza.
2. Tenían un padre que los fortalecía.
3. Preferían que el gobierno no promoviera la hostilidad.
4. Veían un país en desarrollo que tenía muchos conflictos.

15-13 Una conversación.

1. quien
2. que
3. que
4. que
5. lo que
6. lo que
7. que
8. que

15-14 El activista.

1. Lo que
2. que
3. Lo que
4. lo que
5. quienes
6. quienes
7. lo que
8. que
9. que
10. que

15-15 El secretario explica todo.

1. El señor que llamó ayer es mi padre.
2. Eso es lo que no me gusta.
3. Ése es el chico con quien viajé.
4. Verte contenta es lo que me importa.
5. La agencia que vende los pasajes es Costamar.
6. Los pasajeros de quienes hablamos están allí.
7. Aquella señorita es la persona que me atendió.
8. Aquel señor es el hombre a quien le dieron las cartas.

15-16 ¿Sabes usar el subjuntivo sin antecedentes?

1. sea
2. logre
3. pueda
4. se preocupe
5. defiende
6. trabaja

15-17 ¿Sabes usar los pronombres relativos?

1. que
2. quien
3. que
4. lo que
5. quien
6. Lo que

15-18 En la oficina del gobierno.

1. No, no hay ninguna ley que controle la inflación.
2. Sí, conozco a una senadora que vive aquí.
3. No, no conocemos a ningún senador que quiera ser presidente.
4. Sí, hay un libro que explica cómo dar un discurso.

15-19 Preguntas personales.

Answers will vary.

15-20 La política.

1. C
2. C
3. F
4. C
5. F
6. F
7. C
8. C

15-21 Un debate presidencial.

1. c
2. a
3. b
4. c
5. a
6. a, c

15-22 Los cargos políticos.

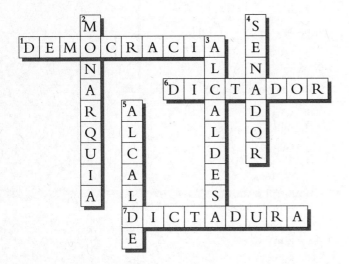

15-23 Hablemos de política.

1. a
2. c
3. c
4. c
5. a
6. b

15-24 Un artículo.

1. afrontar
2. mejorar
3. combatan
4. eliminen
5. aumenta
6. apoyamos
7. resuelva

15-25 Las promesas.

Answers may vary.

15-26 ¿Conexiones?

	Linking	No Linking
1.	X	
2.	X	
3.		X
4.	X	
5.	X	
6.	X	
7.	X	
8.		X

15-27 ¿Dónde hay conexión?

1. La activista
2. Lo eliminaron
3. contrincante es
4. más impuestos
5. Mantengamos este
6. mantienen a

15-28 Diferentes situaciones.

1. d
2. a
3. b
4. e
5. c

15-29 La excusa perfecta.

1. c
2. a
3. e
4. d
5. b

15-30 Lo que nos pasó durante el día de elecciones.

1. Se le perdieron las llaves.
2. Se te olvidó el nombre del candidato.
3. Se les quemó la cena.
4. Se nos olvidaron las elecciones.
5. Se le cayeron los papeles.
6. Se te quedó el periódico en casa.
7. Se le perdieron los pasaportes.
8. Se me cayó el lápiz.

15-31 Problemas, problemas.

1. A nosotros se nos quedó el discurso en casa.
2. A Ana se le perdieron los papeles.
3. A mis asesores se les olvidó el lema de la campaña.
4. Al representante se le acabó el apoyo del pueblo.

15-32 ¡A cambiar!

1. fue eliminada
2. fue aumentada
3. fueron elegidos
4. fueron hechas
5. fue resuelto
6. fueron abolidos
7. fue controlada
8. fueron visitados

15-33 La campaña.

1. Las cartas fueron escritas por ti.
2. El Senado fue controlado por los republicanos.
3. El discurso fue escrito por el secretario.
4. Los cheques fueron firmados por el representante.
5. La presidenta fue elegida por la gente.
6. Los candidatos fueron apoyados por el gobernador.

15-34 ¿Quién hizo qué?

1. Sí, la drogadicción fue eliminada por la campaña contra las drogas.
2. Sí, la corrupción fue combatida por el senador.
3. Sí, las promesas fueron cumplidas por la alcaldesa.
4. Sí, la inflación fue controlada por los asesores económicos.
5. Sí, el problema del crimen en el estado fue afrontado por la gobernadora.
6. Sí, los impuestos fueron aumentados por el Congreso.

15-35 Después de las elecciones.

1. El discurso fue escrito por la asesora.
2. Los casos fueron decididos por la corte suprema.
3. La campaña fue destruida por la corrupción.
4. El Congreso fue visitado por la reina y el rey.
5. La dictadura fue prevenida por la democracia.

15-36 Ante la prensa.

Answers will vary.

15-37 Habla el pueblo.

1. sino	5. pero
2. pero	6. sino
3. sino	7. sino
4. pero	8. sino

15-38 El discurso del candidato.

1. pero	4. sino
2. pero	5. pero
3. sino	6. sino

15-39 Los resultados.

1. No sería dictadura, sino democracia.
2. A ellas les gustaría ganar las elecciones, pero no son candidatas.
3. Ana no estudió la inflación, sino la corrupción.
4. Él no es el alcalde, sino el gobernador.
5. No queremos apoyar a la presidenta, sino a su contrincante.
6. Deseas votar, pero no sabes dónde hacerlo.

15-40 ¿Sabes usar la voz pasiva?

1. fue elegido
2. fue discutida
3. fueron desarmados
4. fue firmada
5. fueron mejorados

15-41 ¿Sabes usar *pero* y *sino*?

1. pero	4. pero
2. sino	5. sino
3. pero	6. sino

15-42 De viaje después de las elecciones.

1. No, se me perdieron los periódicos.
2. No, se me rompió la computadora.
3. No, se me olvidó la maleta.
4. No, se me quedaron los pantalones en el hotel.
5. No, se me cayó el bolígrafo.

15-43 Otras preguntas personales.

Answers will vary.

15-44 ¿Qué pasa?

1. a
2. b
3. c
4. c
5. a

15-45 La conversación.

1. senadores
2. representantes
3. candidata
4. globalización
5. recursos
6. distribuyan
7. construyendo
8. congreso
9. reto
10. pobreza

15-46 La acción y los personajes.

1. C	4. F
2. F	5. F
3. C	6. C

15-47 ¿En qué orden?

1. Marcela pregunta si la globalización ayuda a la gente común, a los pueblos oprimidos, a los trabajadores o a las grandes multinacionales.
2. En la opinión de Hermés, hay que controlar la globalización.
3. Llega Cristina.
4. Cristina explica que ella trabaja para una de las multinacionales del papel más importantes en el mundo.
5. Doña María les ofrece fruta a los amigos.
6. Felipe está muy contento.

15-48 ¡A informarse!

1. F	6. F
2. C	7. C
3. F	8. C
4. C	9. F
5. C	10. C

15-49 Las celebraciones hispanoamericanas.

1. d
2. a
3. f
4. e
5. c
6. b

15-50 Gilberto Santa Rosa.

1. c
2. a
3. a
4. a
5. b

15-51 Francisco Jiménez.

1. C
2. C
3. F
4. C
5. C
6. C

15-52 Mi programa electoral y mi lema.

Answers will vary.

15-53 La carta.

Answers will vary.

NOTAS